修訂版 想知道的 100個飛機問題

飛機問題大解密！各式機種、新銳技術、機場機艙所有疑惑，嚴選 100 個飛機問題，航空知識輕鬆 Get ！

秋本俊二

晨星出版

前　言

　　飛機正經過俄羅斯聖彼得堡（Saint Petersburg）的上空，此時映入眼簾的是下方歷史悠遠的美麗運河，距離此行的目的地還有300公里左右。這架於10點30分由日本成田機場出發的日本航空（JAL，Japan Airlines Co., Ltd.）413班機，仍持續順利地飛往芬蘭首都——赫爾辛基（Helsinki）。

　　雖然飛機已經飛行了9個小時，但卻沒有任何疲累的感覺。飛機內部除了保持著適當的溼度，氣壓的變化也獲得良好控制，加上天花板高度有所提升，使得客艙空間（Cabin Space）更具開放感，而且透過窗戶看到的視野範圍也寬敞許多。執飛日本航空赫爾辛基航線的波音787客機，正是屬於飛行時間愈長就愈能確實感受到舒適程度的機種。

　　從2007年秋天開始以Science i書系新書付梓問世的《客機問題》系列，因深受許多讀者喜愛而不斷再版，但在距離首次出版已有8年時間的此時，航空世界的樣貌卻有了極大的變化。

　　2011年秋天，以碳纖維複合材料取代傳統鋁合金來打造機身的波音787客機正式展現在世人面前，而波音的競爭對手的空中巴士公司（Airbus S.A.S.），則是選擇了擁有「空中旅館」暱稱的全機雙層設計的A380客機，並且搶先一步開始飛航服役。

　　為了與此架超大型客機互相抗衡，波音公司也跟著推出新款的巨無霸747-8客機，但空中巴士隨即以波音787客機為目標，完成了新世代的A350XWB廣體客機。

飛航世界的改變並非只在機種方面，包括翱翔高空的時間也有了極大的差異。在A380客機首次面世的當時，利用全機雙層構造寬闊空間打造而成的套房式頭等艙成為了眾所矚目的熱門話題。現在，一般乘客也逐漸能夠體驗到這種豪華座位。像我此刻搭乘的前往赫爾辛基的波音787客機商務艙裡，日本航空就裝設了極具隱私的單人型座位「JAL SKY SUITE」，而旅程的舒適程度也是前幾年無法比擬的。接著再看看經濟艙，可以看到航空公司同樣設置了座椅排距（Seat Pitch，前後椅距）更為寬敞的座椅，並且命名為「JAL SKY WIDER」，大多數乘客都是臉上帶著笑容輕鬆自在地移動。

　　正坐在靠窗單人式座位上撰寫此篇文章的我，收到了一封地面上傳來的電子郵件。這是由Science i新書編輯部門所寄來的，內容是有關本書封面設計的各項討論。在比較過隨附其中的幾個設計版本之後，我也立即回信表達了自己的期望與意見。正因為現在已經開始能夠在客艙使用Wi-Fi，所以我才能夠身處蔚藍高空卻好似端坐於家中書房一樣方便。對我來說，這項從2012年展開的「JAL SKY Wi-Fi」服務已經成為了翱翔各國天際時絕對不可或缺的重要工具。

　　本書可說是出版至今《客機問題》系列的集大成之作。除了最新機種與新銳技術之外，還有我們身處機場與機艙之際時常浮現腦海的各種疑惑，全書總共嚴格選定100個問題，並且以更為簡單、更容易理解，甚至是更有趣的方式加以解說。為了讓新接觸航空資訊的讀者們能夠有立體性的理解，書中也會隨著各項主題而配置多幅精美相片，這些全都是由我的採訪伙伴及航空攝影家──古庄先生所拍攝的。另外，我也要藉此機會向古庄先生，

以及從企劃階段開始就給予我眾多寶貴意見的科學書籍編輯部益田賢治總編表達內心的感激之情，並且致上最深切的謝意。

　　日本航空413班機已經通過聖彼得堡上空並飛越芬蘭灣，開始準備進入赫爾辛基的萬塔機場（Helsinki-Vantaa Airport）。這裡目前正迎接著白夜季節的到來，在隨時都晴朗明亮的天空下，我會敞開旅館房間的窗戶，一邊感受著北歐的輕風，一邊處理本書的最後階段。

　　如果讀者們在機場書店等地方發現了本書，請務必攜帶在身邊並陪伴您一同遨遊天際。我想，大家一定能夠切實體會到愈是了解客機的世界，就益發覺得樂趣洋溢的感受。

2015年6月　作家／航空記者　秋本俊二
於飛往赫爾辛基之日航班機客艙內

CONTENTS

想知道的100個飛機問題

飛機問題大解密！各式機種、新銳技術、機場機艙所有疑惑，嚴選100個飛機問題，航空知識輕鬆Get！

CONTENTS

第1章

關於飛機的為什麼

哪一架飛機是全世界飛得最遠的客機？ 竟然有巨無霸客機只在日本地區飛行？ 什麼是我們在新世代客機上才能看到的「顛覆常識」機能？ 從誕生於21世紀且須特別注意的最新機種，一直到傳說的歷代機型，在本章中全都加以徹底解說。

　　那就是空中巴士的全機雙層構造機——A380客機。雖然72.8公尺的機身長度並不及廣受注目的新世代巨無霸機——波音747-8客機（76.3公尺）與各家航空公司作為長程航線主力的波音777-300ER客機（73.8公尺）等機型，但其機身高度有24.1公尺、翼幅寬達79.8公尺，是現役機種當中最大的客機。A380客機從地面至垂直尾翼（Vertical Stabilizer）頂端的高度相當於7層樓高建築。另外，主翼面積廣達845平方公尺，可以想像是飛機左右兩邊各有一個籃球場（420平方公尺）大的面積。

　　A380客機一樓與二樓的總地板面積是曾保持最高紀錄的巨無霸客機（747-400）的1.5倍，但相對於747-400客機設定的412席標準座位數，A380客機僅有525席座位——也就是座位數僅有1.27倍。A380客機也因而能在座席之外擁有寬敞的使用空間，同時也能依照各種創意想法而創造出與既有客機完全不同的客機設計及座位的配置方式。

　　事實上，有不少引進A380客機的航空公司在設計飛機客艙時，最後都是選擇500席以下的座位數，甚至相較於製造商所設定的525席標準座位數來得更低。全球最初決定引進同款客機的新加坡航空（SIA，Singapore Airlines）及阿聯酋航空（UAE，Emirates）也藉此活用了寬闊優適的空間，進而在飛機內部完成了與「空中旅館」暱稱名符其實的單人套房型頭等艙的設置。

　　到目前為止，一般旅行的計畫方式都是先決定好旅行的目的地，再選擇旅行時所需要的航空公司。不過，在A380客機投入商業飛航後，這種想法也因而完全逆轉了。目前甚至已經出現先有「就是要搭乘這架飛機」的想法，再從飛航地點當中決定旅行計畫的嶄新方式。

全機雙層客艙設計的實力

2007年10月，A380客機在新加坡航空的新加坡至雪梨航線首次展現在世人的面前。

 翱翔天空的旅館

在二樓座位最前方設置豪華單人套房型座位的阿聯酋航空頭等艙。

「夢幻客機」波音787是如何改變天空之旅的？

波音公司（The Boeing Company）的最尖端客機——787夢幻客機（Dreamliner），凝聚了各式各樣的最先進科技，其中之一就是在機身與主翼等處採用了被稱為「碳纖維複合材料」的嶄新素材。

碳纖維複合材料的強度約為鐵的8倍。因為飛機機體使用了這種輕盈、柔軟的素材來取代既有的鋁合金，所以不但讓飛機的燃料消耗性能提升了20%，更成功打造了「對人溫和舒適」的機內環境。

客機在構造方面最為忌諱的就是水分。如果機艙內部的溼氣太高時，視線未及之處就很容易在不知不覺中積存水分而結露，甚至會導致機體產生腐蝕、生鏽的現象。一旦發生金屬疲勞的情況，還有可能造成重大傷害事故。因此，客機的空氣都會經過水分去除裝置後再輸送至機艙內部，所以客艙裡頭才會時常呈現乾燥的狀態。

因為無法加強溼度，所以當身體疲倦或是狀況不佳卻需要搭乘飛機旅行時，就務必要多加留意。如果是飛往歐美等地，必須長時間待在飛機內部時，有時也會出現喉嚨疼痛的情況。甚至有不少空服員還會表示，「因為機艙內部隨時處於乾燥的狀態，所以飛行勤務中要照護肌膚實在是很不簡單！」

不過，波音787客機卻完全改變了這種情況。與金屬不同的是，787客機使用的是碳纖維複合材料，所以不用擔心機體出現生鏽的狀況，甚至客艙內部還能夠進行加溼的動作。2011年10月，在日本全日空航空（全日本空輸株式會社。ANA，All Nippon Airways Co., Ltd.）領先全球引進波音787客機的首航之中，就曾攜入溼度計進行溼度測量實驗。測量的結果顯示，波音787在客艙中能夠將溼度經常保持在25%左右。相較於現有客機溼度不滿10%的情況，大家一定能夠實際感受到波音787客機的內部舒適度的確大幅提升。

新世代客機

2011年10月啟程首航而飛往香港的全日空波音787客機。

 「對人溫和舒適」的機內環境

相較於一般飛機不到10%的機內溼度，波音787客機可讓機艙內部溼度保持在25%左右。

A350XWB客機的「XWB」是什麼意思？

XWB就是「Extra Wide Body（超寬機身）」的簡稱。比起相同大小的原有機種，A350XWB客機有著寬闊的機身，而且客艙的舒適度也更加提升。

因為使用了許多嶄新素材，所以飛機耐受各種環境的性能極為優異，空中巴士公司也將A350XWB客機的最大銷售賣點定位在舒適度極為良好。當A350XWB的測試機於2014年11月初次飛抵日本時，我自己在參與展示飛行（Demo Flight）時所感受到的，也是如同飛機名字一樣的寬闊空間。特別是A350XWB客機內部極為寬敞，相對於座艙最寬處為5.49公尺的波音787客機，A350XWB客機更多了12公分左右，大約可達5.61公尺。另外，座位的配置雖然會因為購入飛機的航空公司方針不同而有所差異，但A350客機的經濟艙如果選擇標準配置的每橫排3-3-3型式的9個座位，就能夠裝設寬度為18英吋（45.7公分）的座位。

此外，機艙內的頭頂行李置物箱也更加大型化，像是每座靠近窗戶的行李置物箱可放置5個附輪行李箱，中間的行李置物箱也能夠縱向收納3個附輪行李箱及2個中型行李袋。就算客艙所有旅客都將大型手提行李帶上飛機，還是可以放置在自己座位附近，實在是方便許多。

另一個重點是客艙內的地面極為平坦。這是因為空中巴士公司在設計時就已經仔細考量，所有機內的配線都已被收納至地板之下了。

空中巴士A350XWB客機的一號機在2014年12月被納入卡達航空（QTR，Qatar Airways）的機隊，並且開始飛航杜哈（Doha）至德國法蘭克福（Frankfurt）等航線。2015年的夏天則是交機給第二家購入A350XWB客機的越南航空（HVN，Vietnam Airlines），秋天則是第三家的芬蘭航空（FIN，Finnair）。到了2016年的年中，大家應該就能在日本搭乘芬蘭航空的赫爾辛基航線而展開A350XWB客機的空中之旅。至於日系的航空公司，則是有日本航空在2014年11月下單訂製56架飛機，預計從2019年開始陸續交機。

初次飛抵日本

2014年11月，A350XWB客機的測試機初次飛抵日本羽田機場。

 寬敞程度更加提升的客艙

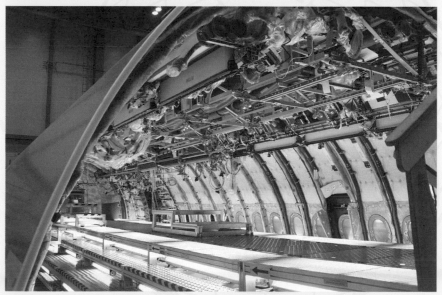

空中巴士公司在德國漢堡廠區內所進行的A350XWB廣體機身的製造。

哪一架是全世界飛得最遠的客機？

　　答案是波音公司的777-200LR客機。777-200LR客機名稱中的「LR」是「Longer Range（長距離型）」的縮寫。即使是在因「Triple Seven」這個暱稱而為大家所熟悉的777家族裡，身為擁有最長續航性能機型的777-200LR客機還是展現了自豪的姿態。

　　雖然以往的大型飛機都需要3～4具的引擎，但隨著引擎逐漸導入高科技並不斷進化，現在僅需2具引擎就能獲得飛行時需要的推力（Thrust Force）了。如此一來，體型巨大且擁有優異續航能力的雙引擎飛機（Twin-Engine Plane）便就此躍上舞台。在這些飛機之中，率先開展雙引擎飛機可能性的就是波音公司777系列的長距離機型。

　　雖然日本目前已有日本航空及全日空航空兩家公司引進這類機型作為歐美線等長距離國際航線的主力機材，但兩家持有的機材都是標準型的777-200與機身延長的777-300，或是長距離型的777-200ER、777-300ER等四種。777-200LR客機很遺憾地並未列入兩家公司的機隊之中。

　　波音公司是在1986年啟動了777系列的開發工作，並於14年後的2000年2月啟動了777-300ER、777-200LR等長距離機型的開發，希望藉由加大燃料箱容量來強化引擎的功能。當777-200LR機型在2005年3月首次飛行成功後，同年即以向東連續飛行22小時42分的時間完成了香港至倫敦的航程（大約為2萬1600公里），一舉刷新了客機續航距離的世界紀錄。

　　目前公布的777-200LR客機續航距離為1萬7446公里。如果以東京為起點，大概就是飛到地球背面的南美智利聖地牙哥（Santiago）的距離。此外，續航距離次於777-200LR客機的是空中巴士的四引擎飛機——A340-500客機（1萬6670公里），但A340客機的製造目前已經完全結束。排名第三的同樣是空中巴士的四引擎飛機，也就是全機雙層構造的A380客機（1萬5700公里）。

巴基斯坦航空（PIA，Pakistan International Airlines）

777-200LR客機是在2006年3月由巴基斯坦航空進行首次試飛。

 距離為從東京到南美洲智利

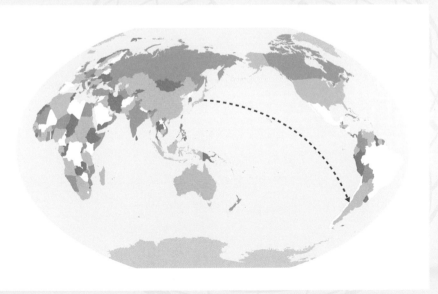

如果以日本為起點，777-200LR客機能夠飛行的距離大概可到達南美洲智利的聖地牙哥。

005 開發中的777X客機的主翼為折疊式？

我們在前文提到波音公司777系列中的新世代機型已經啟動了開發作業，而計畫的名稱為「777X」，是由777-9X與777-8X兩個型號所構成的，預計將在2020年投入商業運航。

777X客機的特徵在於以碳纖維複合材料製造而成的嶄新主翼，其主翼的翼展（Wingspan）長達71.8公尺，相較於777-200LR／777-300ER的64.8公尺更加巨大，多了大約7公尺。比起2012年6月首航的新世代巨無霸客機——波音747-8，也同樣大了3.3公尺左右。同時，藉由此特色與嶄新GE9X引擎的組合，更讓高度的經濟性得以實現。

不過，當飛機的翼展加長之後，也引發了一個很大的問題，那就是國際機場的一般機門都是讓翼展最大幅度達65公尺的客機所使用，無法讓這種設計的新款飛機順利進出，因此只能飛航少數機場也是理所當然的，甚至在飛機銷售方面也造成了影響。最後，波音公司的開發團隊便想出了將主翼設計成「折疊式」的計畫來解決這個問題。他們發表的嶄新構想令人大感驚奇，那就是把主翼的前端（兩邊各為3.5公尺）向上彎曲折疊，如此一來，就能控制飛機在地面時的翼展幅度。

在高空中飛行時的主翼為71.8公尺，但降落機場後就會將翼端彎折疊起。我想，等到777X客機在2020年開始商業飛航之後，這種以獨特方式停放機翼的場景就會陸續出現在世界各地了。

除了計畫中的777-9X與777-8X兩個型號，包括現有的777-200與777-300客機翼展也都會稍微加長。雖然機身的外徑並不會改變，但是客艙會變得更為寬敞，窗戶也改為大型化。飛機內部則與787客機一樣能夠提高溼度，預計在舒適性方面也會有所提升。

2020年開始商業飛航

「777X」計畫的陣容包含了777-9X與777-8X兩種機型。　　　　　　©Boeing

開發團隊的獨特構想

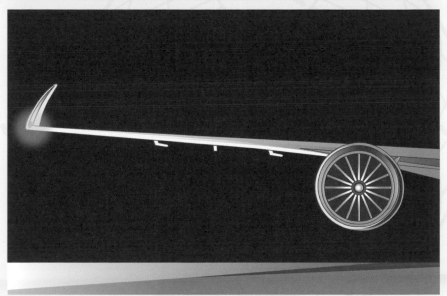

波音公司將777X客機的機翼設計成可在國際機場一般機門使用的「折疊式」。

全球航空公司採用最多的機型是波音公司的737系列與空中巴士的A320系列，兩者均為單走道型（Single aisle）的小型機種。

波音公司是在1967年開始生產第一代的737-100與737-200客機，接著是1984年登場的第二代機型——737-300、737-400、737-500，然後在90年代漸次進化至被稱為「NG型（Next Generation）」的第三代——737-600、737-700、737-800、737-900等機種。2014年4月，第8000架的737客機交機給了美國的聯合航空（UAL，United Airlines）。

另一方面，空中巴士的A320系列是由全長各異的A318、A319、A320、A321等機型所構成的陣容。從1987年首次飛行至今已經過了25年，整體市場也仍在持續擴大當中，目前已有6400架以上的A320系列機種被收納編入各家航空公司的機隊。

相較於以大型客機飛行遠程距離，全世界的航線需求大多是乘坐150～200人，且飛行2～4小時的移動距離，而這正是此類單走道小型飛機能夠長銷熱賣的背景。對於歐美與包含日本在內的亞洲市場急速成長的LCC（Low-cost Carrier，低成本航空公司，亦稱為廉價航空公司。）航線來說，這正是最為適合的機型。因此，有不少廉價航空公司都將航運機材統一為波音737或空中巴士A320兩種機型的其中之一。

現在，「737MAX」與「A320neo」等搭載新式引擎並能提高環境性能的後繼機種也已經開始進行開發作業了。「737MAX」的「MAX」名稱所蘊含的目標就是「將效率與信賴度提升至最高，並讓乘客獲得最大舒適感的客機」。至於「A320neo」的「neo」則是「New Engine Option」的簡稱。737MAX客機預計在2017年進行首航，而A320neo客機則是會在2015年的第四季交付一號機。

波音737客機

以國內線為主，包括短距離國際線也會飛航的日本航空波音737-800客機。

空中巴士A320客機

2012年3月開始商業運航的樂桃航空（APJ，Peach Aviation）將機材全數統一為空中巴士的A320客機。

007

不論從哪個方向觀看都有如畫作，即使從遠處觀看也能立即辨識出「啊，是巨無霸客機！」，波音747客機（Jumbo Jet）在日本尤其受到歡迎，每當巨無霸客機初次降落在各地機場時，總會有許多愛好者蜂擁而至並擠滿機場觀景台。

雖然這些飛機都被稱為「巨無霸客機」，但其實機型繁多、功能各異。像是「747-100、747-200、747-300」就被稱為「古典型巨無霸客機（Classic Jumbo）」，全都是初期活躍的機型。至於全世界引進最多747客機且數量超過百架的日本航空，更擁有了「巨無霸客機王國」的稱號，只是其中包含了好幾種機型。波音747-100客機的一號機是在1970年4月交機給日本航空的，而泛美航空（PAA，Pan American World Airways）也是在同一年進行了747客機的首航。接著，將747-100客機引擎加以改良並加強續航性能的機型則是波音747-200B，在提升遠程續航距離後，亦被引進日本飛往美國的直飛班機等航線。至於「Classic Jumbo」的最終機種，就是將舊型雙層客艙座位朝往後方延長7公尺左右的747-300客機。此款機種因上層座位可讓最多63位旅客乘坐，所以後續的747-400客機也繼續沿用既有的機身形狀。

至於日本航空迷們最為熟悉的，應該就是被稱為「高科技型巨無霸客機（High-tech Jumbo）」的747-400客機了。裝設在飛機主翼尖端用以降低空氣阻力的「翼端帆（Winglet，又稱翼尖帆、翼端小翼）」正是此型飛機的最明顯象徵，而且此機型的駕駛艙也升級至所謂的玻璃駕駛艙（Glass cockpit，又稱為映式駕駛艙），也就是駕駛座前方大多採用映像管（Cathode ray tube，CRT）顯示的多功能顯示器，使飛機只需正副兩名駕駛即可飛行。因此，當引擎性能更為優異且續航距離更加長遠之後，日本航空與全日空航空兩家公司便將波音747-400客機作為歐美線等遠程國際航線的主力機材，並且加以靈活運用。

✈ 古典型巨無霸客機（Classic Jumbo）

747客機的最初原型就是日本航空在1970年開始商業飛航東京至夏威夷檀香山（Honolulu）航線的747-100客機。

✈ 高科技型巨無霸客機（High-tech Jumbo）

在引進新世代科技之後，以「高科技」樣貌登場的波音747-400客機。

竟有「巨無霸客機」只在日本地區飛行？

在日本的國內航線中，有款加強機身與地板構造的特製巨無霸客機，被用來在一天之中來回飛行數次短距離航程，那就是波音747-400D客機。波音747-400D的「D」為「Domestic（國內）」的簡寫，也是只存在於日本國內線的特製巨無霸客機。

更早之前，還有另款被稱為「747-SR」的機型在日本國內的天空中引領飛翔。所謂的「SR」，其實是「Short-range（短程的）」的簡寫，是配合起降次數較多的日本國內航線而開發的機種。相對於初代747-100客機的2萬4600次起降次數限制，機輪經過強化的747-SR客機可到達至5萬2000次左右。

包括航空迷與航空公司相關人士在內，大家對於747家族的讚譽之聲至今仍是未見停歇。

「即使來到氣流惡劣之處，巨無霸客機仍可沉穩飛行，一點都不會被強風吹偏，是非常安定且容易操控的機種。」

「機上廚房空間寬敞，方便作業。」

「比起其他機種，客艙較沒有壓迫感，讓人覺得寬敞舒適！」

「最喜歡從背後觀賞747客機起飛時的優雅姿態了！」

2011年3月，在眾多粉絲的遺憾與惋惜聲中，日本航空的巨無霸客機身影正式消失。到了2014年4月，全日空機隊中原本仍在執勤的巨無霸客機也全數退役。

不過，波音747客機的歷史並非就此劃下句點。傳說中的名機將以「波音747-8洲際（Intercontinental）客機」的名字重燃動力再次甦醒。波音747始終不斷進化，持續主宰世界的天空。

引領日本國內天空的747-SR客機

專為飛行較短航程及起降次數較多的日本市場所開發的波音747-SR客機。

 最新機型已經躍上國際舞台

2012年6月，首次出現在德國漢莎航空（DLH，Deutsche Lufthansa AG）華盛頓特區
（DCWashington, D.C.）航線的新世代747-8i客機。

為何飛機主翼有時設在機身上方、有時卻在下方？

如果站在正要起飛升空的客機正下方，抬頭觀看就可以發現主翼是從機身底部朝向左右兩邊伸展。因為機翼裝在機身較低的位置（下方），所以這種類型的飛機就被稱為「低翼式」飛機。當飛機左右兩邊接上機翼並予以一體成型時，不僅可提高強度，而且機身內部空間也能充分運用，所以採用低翼型設計的飛機大都是必須運送眾多乘客的客機。

飛機可從主翼的組裝位置分為三種類型。如果機翼裝在中間一帶，這種類型被稱為「中翼式」。中翼式飛機因為機翼與重心位置相近，所以可在飛行時保持穩定。即使採取背面飛行，機翼的位置也不會改變，能夠保持與平常相近的操控狀態，通常是那些展現特異飛行姿態的特技飛行機與戰鬥機等飛機才會採用這類型的機翼。至於另外一種，則是主翼裝設在機身上方的「高翼式」飛機。

高翼式飛機因為能夠設計出較大的機身開口，所以不會在卸下貨物時造成妨礙。那些飛行地區型航線的小型螺旋槳飛機（Propeller）等此類飛機就會採用高翼式的設計。至於代表性機種就是加拿大德哈維蘭飛機公司（De Havilland Canada）所開發，並由龐巴迪航太公司（Bombardier Aerospace）承接完成的DHC-8螺旋槳客機。

DHC-8螺旋槳客機除了初期的DHC-8-Q100與DHC-8-Q200等機型之外，還有機身加長3.5公尺左右的DHC-8-Q300，以及Q300機身再加長7公尺左右的Q400等機種。DHC-8-Q400客機也是DHC-8家族當中長度最長的一款機型。DHC-8-Q400客機的載客量比之前的YS-11螺旋槳飛機（註：日本航空機製造株式會社在二次世界大戰期間自行研發製造的螺旋槳民航機，已於1974年停產。）來得更高，且數量多達74席座位。現在，地方的區間航線仍可見到DHC-8-Q400的活躍身影。

姿態各異的機翼擁有不同優點

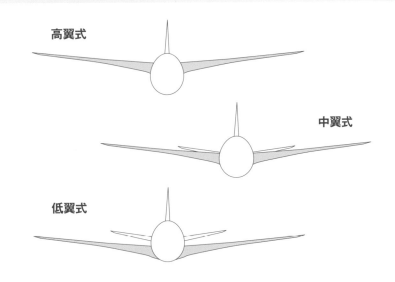

飛機可根據主翼的組裝位置而大致分為三種類型。

飛行路線為地方航線

因為是高翼式飛機，所以DHC-8客機的機身離地高度較低，在機場上下飛機時也非常輕鬆方便。

要能夠在天空中翱翔的話，飛機就會需要可讓機體浮起的升力與促使飛機前進的推力。負責促發升力的是飛機左右兩側向外延伸突出的巨大主翼，而產生推力的則是懸掛在主翼下方的引擎。

這裡我們提到引擎的位置是「懸掛在主翼下方」，而波音與空中巴士兩家公司目前製造的客機也全都是將引擎懸掛於主翼之下，包括裝載2具引擎的「雙引擎飛機」與4具引擎的「四引擎飛機」等各類機種均是採用類似形式。不過，在以往開發的機種當中，卻曾有過引擎裝設在獨特位置的稀有機型。

事實上，從前的客機也是個性十足的，而其中最具代表性的就是擁有三座引擎而被稱為「三引擎飛機（Trijet）」的機型。即使同為三引擎飛機，也是種類繁多、姿態各異，而且引擎的裝設位置還是多少隨著機型的差異而有所不同。1960年代登場的波音727客機，是將三具引擎全都裝設在機體後方，並設計其中一座引擎的空氣吸入口貫通整個垂直尾翼。另外，洛克希德（註：Lockheed Corporation，美國著名航太工業公司，創立於1912年，西元1995年與美國馬丁·馬瑞塔合併為洛克希德·馬丁公司。）的L-1011三星寬體客機（Lockheed L-1011 TriStar），也是一家與全日空航空業務成長息息相關而為人所熟知的三引擎飛機。

1960年3月3日，在眾多相關人士的歡送之下，洛克希德三星客機的機體載著287位乘客從日本成田機場起飛航向美國關島。這款擔負號稱「全日空社員到達萬人夢想」的定期國際航線開通重責大任的機種，就是洛克希德的L-1011三星寬體客機。由勞斯萊斯（Rolls-Royce）打造的三發引擎與尾翼的順滑曲線設計等種種獨特姿態，更是深受不少航空迷的喜愛。

非常受到航空迷喜愛的「三引擎飛機」

波音727客機的三座引擎全都集中在機體的後方，外型別緻且個性十足。

擁有獨特的外型

從國內主要航線到地方航線、國際航線，全都能夠擔任堅強後盾的全日空洛克希德三星客機。

對於日本最新國產客機「MRJ」的期待究竟為何？

「外型真是太漂亮了！」

每個人初次見到此架飛機的身影時，總會脫口說出這麼一句話。設有最終組裝生產線的三菱重工名航小牧南工廠在2014年10月正式展示了日本首架國產小型噴射客機——「MRJ（Mitsubishi Regional Jet，三菱區域航線噴射機）」的飛行測試用一號機。

在塗裝為白色的MRJ客機纖細機身側面，可以見到紅色、黑色，以及金色的線條閃閃發光，這是用來表現「歌舞伎臉譜勾勒」意象的彩繪圖案。另外，我們還能看到MRJ主翼朝著機翼前端用來降低空氣阻力的翼端帆方向往上彎折，以及位於駕駛艙（Cockpit）下方有著尖銳造型的機鼻。如此精彩絕倫的美麗身影，其實是因為此架客機利用空氣力學等理論追求飛航極限而得到的結果。

相較於既有的同級引擎，由美國普惠公司（註：Pratt & Whitney，普萊特和惠特尼。創立於西元1925年，位於美國康乃狄克州，為全球三大飛行器引擎製造商之一，包括F22戰鬥機都使用該公司產品。）製造的高效能引擎有著更大的直徑。如果直接懸掛在主翼下方，就會產生碰觸地面的狀況。不過，這個難題已藉由提高主翼基部裝設角度而予以解決了。給人深刻「新世代」之感的精銳剽悍外型也就此誕生。只要看到MRJ客機的流線型機首，馬上就能了解這是用來減少空氣阻力的設計。

在2015年6月時，MRJ噴射機的全部訂製數量共為407架。包括日本的全日空航空與日本航空也各自訂購了25架與32架。三菱公司預定在2017年將一號機交付給啟始客戶（launch customer）——全日空航空。現在，MRJ客機已成為全日本航空迷們翹首以待的機種，更有不少聲音希望這款飛機能在各地愛好者生活的地方展開正式航運。「MIJ日本製造」的小型噴射機翱翔在日本各地天空的夢想，即將在不久後實現。

首次展示

2014年10月在日本小牧南工廠所舉行的首次展示典禮（roll out）。　©Mitsubishi Aircraft

 獨特美麗的外型

因採用最頂尖空氣力學設計等技術，所以燃油效率也得以大幅提升。　©Mitsubishi Aircraft

本田噴射機的哪個部分顛覆了既有常識？

只要是親眼目睹的人，總會忍不住一再讚嘆此架飛機的外型竟是如此獨特別致！為了讓建造完成的機體進行展示飛行，本田噴射機（Honda Jet）已在2015年4月飛抵日本。而我們這裡提到的「獨特外型」，指的就是引擎的組裝位置。因為飛機引擎的位置通常是被懸掛在主翼下方，但本田噴射機卻是將引擎放到了主翼上方。

飛機升力的產生（參考第56頁）是因為空氣快速流經主翼上方圓弧隆起部分，而與機翼下方之間造成負壓（空氣壓力差）。若想產生這種負壓，「切勿在主翼上方置放擾亂氣流之物」的概念早已是航空力學的基本常識。不過，如果將引擎裝在主翼下方，飛機機身和地面之間的距離就會變大，因此就需要準備讓旅客乘降飛機的設備了（扶梯等）。雖然有些商務噴射機（Business Jet）的機種會將引擎置放於機體尾部兩側，但這種方式會使梁柱必須貫通機身內部，導致客艙空間更為狹小。本田的工程師們卻以「為何引擎不能放在主翼上方」為思考主題，嘗試將引擎置放在主翼上方各處，並利用電腦反覆進行計算、分析氣流紊亂程度的作業。最後，他們終於找出即使是在主翼上方，也不會造成氣流混亂，甚至空氣阻力也很小的引擎裝設位置。

雖然本田噴射機與前面介紹的MRJ客機都是眾人期待的「最新日本國產客機」，但嚴格說來，這應該是總公司設在美國的本田技研工業（Honda Motor Co., Ltd.）所研發的美國製客機，並不能說是日本國產客機。當然，飛機的構想與基本設計還是由日本員工擔任的，所以在這方面與MRJ客機一樣，都是因為「Made In Japan」技術才得以完成的飛機。

公開展示

作為世界之旅一環的本田噴射機，在2015年4月飛抵了日本。

 主翼上方的引擎

將低噪音引擎配置在主翼上方的設計是近來極為少見的作法。

013 什麼是新型飛機必備的「型式證明」?

　　一架最新機種在歷經開發、製造等過程,最後在市場上正式推出時,必須預先在起降性能、各種系統安全性與環境可行性(Environmental feasibility)等方面取得符合制定基準的證明,而這個證明就是所謂的「型式證明(Type Certificate)」。在國際間,一般廣為採用的都是美國聯邦航空總署(FAA,Federal Aviation Administration)與歐洲航空安全局(EASA,European Aviation Safety Agency)所審核發行的許可文件。

　　為了分別進行測試項目以縮短檢測時間,飛機製造公司都會準備好幾架飛行測試機。通常需要1～2年的測試期間才能取得型式證明。像是機體有一半以上都是採用碳纖維複合材料以取代傳統鋁合金(杜拉鋁,Duralumin)的波音787客機,就曾因為在測試期間發現非預期的電器系統問題,導致飛行測試的時間拉長至1年8個月左右。

　　開發中的日本國產噴射機──MRJ客機(三菱區域航線噴射機)將於2015年秋天進行初次飛行,並預計在2017年的年中展開一號機的商業運航。所以用來取得型式證明的測試時間已剩下不到2年。測試飛行的項目種類繁多,其中包括以最低速度進行起飛動作的「低速起飛測試」,還有在攝氏零下數十度的酷寒狀態中確認引擎性能的「嚴寒測試」等種種考驗。飛機公司會將各種測試獲得的數據收集起來並詳細分析,再以此結果作為基礎而進行改良,然後調整為最終設計。若要讓飛機安全性能夠取得客觀性證明,地面上的測試項目也是不可或缺的。所以在鄰接著小牧南工廠的MRJ技術測驗場中,也使用了地面用測試機來持續進行疲勞強度的測試。

　　此外,日本地區的型式證明必須符合日本國土交通省制定的標準,並由國土交通大臣頒布。

✈ 反覆進行的極限測試

在A380客機的開發過程中，曾經在零度以下的氣溫進行極寒測試。　　　　©Airbus

✈ 最終組裝作業

正在三菱重工名航小牧南工廠內依序組裝成型的MRJ客機機體。　　©Mitsubishi Aircraft

　　最初的階段就是詳細縝密的市場調查。以各家航空公司顧客的期待及未來的市場預測為基礎，再針對新型機種的規格（Spec）進行討論。另外，也必須和啟始客戶（Launch customer）簽訂契約，才能獲得實際執行開發的同意指示（Go sign）。

　　當飛機製造公司要正式跨入新機種的開發與製造等程序時，就必須從希望引進該款新機的航空公司方面取得「確有正式購入計畫」的正式憑據。因為飛機的開發、製造都會花費巨額資金，所以若是發生「製造完成卻乏人問津」的情況，就會讓製造公司的營運難以維持。因此，事先下訂充分規模（飛機數量），並成為新型機種生產計劃有力支持的顧客就被稱為「啟始客戶」。

　　一旦決定進行開發之後，世界各地的協力廠商便開始分別進行負責部品物件（Parts）的製造。舉例來說，日本的廠商在波音787客機的製造過程裡就扮演了極為重要的角色。像是機身素材所採用的碳纖維複合材料是由東麗公司（註：東麗株式會社，舊名為「東洋嫘縈」，創立於西元1926年，為日本著名纖維生產公司。）提供，而主翼等主要部品零件也大多由三菱重工與川崎重工（註：川崎重工業株式會社，創立於19世紀明治維新時期，為日本著名機械及設備公司。業務內容包含船舶、車輛、航太等海陸空各個領域。）等日本企業負責。如果完成後的主要零組件屬於波音公司的飛機，就運送到美國西雅圖（Seattle）；如果屬於空中巴士公司，則載運到法國土魯斯（Toulouse）等各公司的最終組裝工廠完成組裝作業。

　　完成機體之後，接下來就是進行測試飛行以取得前面所說的型式證明。在這個階段，必須以各家航空公司引進新型機種後所設定的定期班次航運為相同條件，並由歐洲航空安全局與美國聯邦航空總署的稽核飛行員陪同搭乘該款飛機以進行測試飛行。在經過徹底檢測、驗證新款飛機進入機場後的各種狀況後，才會頒布客機的正式型式證明。

世界各國分擔開發作業

位於美國西雅圖的波音艾佛雷特（Everett）廠區正在進行大型飛機的組裝作業。

交付一號機

製造完成的波音787一號機，在2011年9月26日交付給啟始客戶的全日空航空。

在同一款客機的機種當中，還可分為「基本型」與「衍生型」兩種類型。

所謂的衍生型，是以最初建造的基本型為基礎，再因應後續的最新需求而延長機身尺寸（長度）或是改裝新型引擎以延長續航能力的機型。到目前為止，擁有最多衍生型飛機的就是波音公司的737客機。以最初誕生的737-100客機為基礎，發展至名為NG（Next Generation，次世代）系列的737-900客機為止，總共9種機型構成了737家族。如果仔細比較的話，可以發現這些機型的機身長度是由737-100客機的28.65公尺陸續加長至737-900客機的42.1公尺，大約擴大了1.5倍。

在製造加長機身的衍生型飛機時，為了避免機身延長而導致飛機重心位置有所改變，一般都會針對主翼的前方與後方兩處加以改造調整。在2014年7月由全日空航空這家啟始客戶納編的波音787-9客機，就是將基本型的787-8機型的機身延長了6.1公尺，而其主翼的前方與後方也都各別加長了3.05公尺。整體外觀更是給人精銳剽悍之感。

此外，有些衍生型飛機的機身尺寸甚至比基本型來得更短。像是巨無霸客機家族裡的747-SP這個機型就是其中一個例子。747-SP名稱中的「SP」，就是「Special Performance」的縮寫，也是為了要因應泛美航空訂購「紐約至東京不停站直飛航班客機」而著手進行開發的機型。747-SP客機是將747-100的機身縮短以減少機身重量，希望藉此增加飛機的續航距離。不過，這款減少座位數量的機型始終需求不振，總共只生產了45架，之後就停止生產不再銷售了。

機身延長型與標準型

相較於基本型的波音787-B（照片後方），波音787-9的機身延長了6.1公尺。

 波音747-SP客機

沙烏地阿拉伯航空（SVA，Saudia Airlines）的波音747-SP客機，就是為了提升飛機性能而將垂直尾翼等處予以大型化設計。

龐巴迪公司與巴西航空工業公司的注目機型為何？

龐巴迪公司（註：Bombardier Inc., 成立於西元1942年，為著名交通運輸設備跨國製造商。）是一家總部設於加拿大的飛機製造公司，到目前為止所製造的飛機大多屬於區域航線客機（Regional Jet）、商務噴射機（Business Jet），以及水陸兩用飛機。在日本是以活躍於區間航線的高翼式螺旋槳飛機DHC-8系列而為大眾所熟知。不過，目前廣受注目的機種則是「C系列」這款開發中的新世代客機。

C系列是龐巴迪首次挑戰座位數超過百席等級的客機，也是與波音737、空中巴士A320等強大對手互相競爭的存在。除了預定在2016年年中交機的CS-100（座位數為110席），長機身型的CS-300（座位數為135席）也正持續進行著開發作業。包括瑞士國際航空（SWR，Swiss International Air Lines）所訂製的合計30架CS-100與CS-300兩款機型在內，龐巴迪的C系列在2015年3月這個時間點的下訂數量已經超過了600架。

另一方面，巴西航空工業公司（註：Embraer S.A., 成立於西元1969年，為巴西著名航空工業集團，主要業務範圍為飛機設計製造與航空服務。）是在西元1969年開設的巴西小型噴射客機製造商。現與龐巴迪公司正激烈競爭緊接在波音及空中巴士之後的第三大市占率。代表機種為「E-Jet系列」，其中包括E170（78席）、E175（86席）、E190（104席）、E195（110席）等四種機型。

至於日本地區，則是由日本航空集團於2009年引進了E170客機，並以大阪伊丹機場作為據點而開始76席載客量的商業飛航。另外，誕生於2009年，以靜岡機場為據點的富士夢幻航空（FDA，Fuji Dream Airlines），同樣也採用了E170與E175客機來連結各地區之間的城市。

2013年6月，該公司在巴黎航空展發表了次世代機型「E2系列」客機的啟始計畫。包括預定於2018年推出且最大載客量為88席的E-175、106席的E-190，以及132席的E-195等三種機型，目前都是緊鑼密鼓地持續進行著開發作業。

CS-100客機

瑞士國際航空的CS-100客機。　　　　　　　©Swiss International Air Lines

 E-170客機

日本航空集團以大阪伊丹機場為據點而開展商業飛航的E-170客機。

哪一架客機的製造數量是最少的？

　　若是被問到實際製造數量較少的噴射客機時，腦海裡最先浮起的就是飛行倫敦／巴黎與紐約之間僅需3個小時的超音速飛機——協和式客機（Concorde）。這架飛機是以2.0馬赫的速度在一般客機2倍高度的區域飛行，所以大家都曾夢想親自體驗協和式客機的驚人速度，但因為法國航空（AFR，Air France）在2000年7月發生了墜機失火事故，所以英國航空（BAW，British Airways）便在2003年10月的最後一次飛行之後終止了商業航運的服務。這架協和式客機總計只製造了20架。

　　我們在第38頁曾介紹過巨無霸客機衍生型737-SP總共只製造了45架之後就決定停止生產，但協和式客機的生產機數與其相比，卻連一半都不到，由此可知協和號的生產總數的確極為稀少。不過，如果再加以仔細調查，可以發現還有生產數量更少的飛機存在。

　　生產數量最少的飛機其實是法國飛機製造商——達梭航太（註：Dassault Aviation，創立於西元1930年，為達梭集團成員之一。產品包括軍用機與商用飛機等。）所開發的雙引擎噴射客機——「達梭水星（Dassault Mercure）」。達梭公司為了與波音公司的暢銷機種737客機互相抗衡，便計畫推出座位數140席等級的噴射客機，並在法國政府的援助之下展開此款飛機的開發作業，同時更納編了以巴黎奧利機場（Orly Airport）為營業據點的因特航空（ITF，Air Inter），之後便在1974年6月正式推出了達梭水星客機。達梭水星雖然原本是作為短距離航線客機而開發的客機，更計畫至1980年代為止的銷售目標為1500架，但因為達梭水星客機的續航能力僅有2000公里，所以在市場上難以推展銷售。之後即使計畫開發延長機身的機種與增加續航距離的衍生型，但因為法國政府終止了金錢援助，所以最終僅生產了12架飛機，就在航空史上銷聲匿跡了。

超音速飛機──協和式客機

2003年10月正式劃下句點的超音速協和式客機，一共只生產了20架飛機。

達梭水星客機

生產機數更少的是法國達梭公司的水星客機，總共只製造了12架之後就正式停產。

要多少錢才能買得起一架飛機？

　　在客機的售價方面，一般公開的都是所謂的「型錄價格」。所以這裡我們試著將波音與空中巴士兩家公司的競爭機種價格以右頁一覽表的方式明確刊載出來（波音的部分為2014年，空中巴士則是2015年的價格。當時1美元約為120日圓）。

　　如果比較兩家公司的最大等級客機，波音747-8i客機大概是441億日圓，而空中巴士A380客機則為514億日圓左右。雖說是競爭機種，但A380客機的尺寸還是較波音747大上許多，所以價格方面有所差異也是很正常的。至於小一點的機型，像是波音777-300ER約396億日圓，開發作業正在進行當中的競爭機種——空中巴士A350-1000、A350-900客機的價格分別是422、366億日圓左右。進入中型客機之後，相較於波音787-8客機的262億日圓，A330-300客機的價格是更高的304億日圓左右。如果比較一下最暢銷的單通道型飛機，可以見到波音737-800客機約為112億日圓，而空中巴士A320則是116億日圓左右。整體價格雖然大致上相距不多，但空中巴士公司的飛機似乎是稍貴一些。

　　不過這些終究只是公開在型錄上的建議售價，也是飛機公司將開發至製造的原價加上適當利潤後所設定出的販售價格，與實際交易時的最終售價是完全兩回事的。也就是說，型錄價格只是一種訂價而已。商業對手間的銷售競爭狀況非常激烈，有時甚至會出現低於原價而與航空公司進行交易的例子。

　　那麼，飛機的實際售價又會受到哪些因素的影響呢？舉例來說，如果在早期開發階段擬定契約的話，大多會獲得2～3成的折扣優惠。另外，購入的飛機數量多寡也很重要，如果一次彙整訂購數十架飛機的話，就能期待製造商給予大幅的折扣。至於各家航空公司到底花費多少金錢購入飛機，其實幾乎都是不會公布的。

金額最高的是空中巴士的**A380**客機

客機的型錄價格

波音公司（2014年）		空中巴士公司（2015年）	
機種	價格	機種	價格
747-8i	約441億日圓	A380	約514億日圓
777-300ER	約396億日圓	A350-1000/ -900	約422億日圓／ 約366億日圓
787-8	約262億日圓	A330-300	約304億日圓
737-800	約112億日圓	A320	約116億日圓

波音與空中巴士的型錄價格（定價表）。無論哪邊都是驚人的高價。

 訂製**140**架**A380**客機

阿聯酋航空是A380客機的全球最大客戶，到目前為止已經訂購了140架。

近年來在海外發生的災難、事故等緊急場合中，開始可以見到國家重要人士與皇室成員出國訪問所搭乘的行政專機的活躍身影。

在美國，經常可以在電影裡頭看到的「空軍一號（Air Force One）」也是非常有名的例子。不過，日本從1992年開始也購入了2架波音747-400作為行政專機來進行飛航任務。

雖然同樣都是巨無霸飛機，但機艙內部的設計與一般客機可是完全不同。除了辦公室、會議室之外，還另外設置了祕書人員的事務室、記者會專用座位等，甚至連浴室都一應俱全。

「如此豪華的飛機，真的好想坐一次看看喔！」

有個已經升上高中的朋友女兒曾經這麼跟我說過。不過，就算是與一般人無緣的行政專機，也並非完全沒有搭乘的可能性。舉例來說，每當首相與內閣大臣出席國外舉辦的高峰會議時，大眾傳媒相關人士也會隨行採訪而一同搭乘行政專機。

於是，我告訴這個叨念著「好想搭乘看看」的高中女生說，「將來如果當上記者的話，說不定可以搭乘這架飛機喔！」她聽到後馬上問我：「是免費的嗎？」其實這種行政專機是花費國民稅金購買的，所以就算是採訪團隊也無法免費搭乘，還是要確實收取費用。只是，支付費用應該不會像一般客機的商務艙那麼昂貴，大概是經濟艙程度的價格吧！

另外，日本政府目前使用的兩架行政專機將會在2018年正式除役，後備機種也已經決定採用波音公司的777-300ER。至於負責整理維護的單位，則會從目前的日本航空變更為全日空航空。2015年4月，相關單位也正式公布了新機的外觀設計。

採用波音747-400作為行政專機

日本從1992年開始即購入2架波音747-400飛機作為行政專機使用。

 後繼機種為波音777-300ER

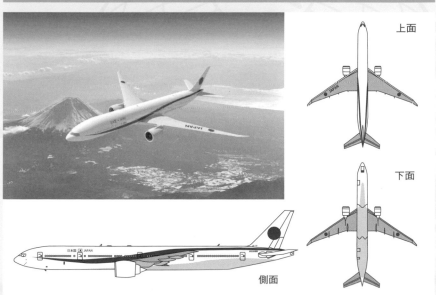

上面

下面

側面

日本已經公布的行政專機（777-300ER）外裝設計。　　　　（資料來源為日本內閣官房網頁）

現在還有可以乘坐的超復古飛機嗎？

那就是1930年代德國容克斯飛機與引擎製造商（JFM，Junkers Flugzeug- und Motorenwerke AG）所開發的「Ju52」運輸機。德國漢莎航空（DLH，Lufthansa）曾利用此架飛機來連結柏林至羅馬及倫敦之間的距離。這架飛機在使用者之間還有著「戎克老姑媽（德語：Tante Ju）」的暱稱而為人所熟悉。目前，全世界仍可以服勤飛行的Ju52機體僅剩下幾架。漢莎航空曾於1984年由中古飛機市場購回Ju52飛機，當作是該公司創業60週年紀念事業的其中一環。之後藉助喜愛飛機的維護人員之手而逐步仔細整理維修。最後，「Ju52」運輸機終於再次復活，並於2010年夏天開始負責定期遊覽飛行的任務。

因為想要體驗搭乘復古飛機翱翔天際的感覺，所以有許多人來到德國法蘭克福郊外的埃格爾斯巴赫（Egelsbach）飛行場地（Airfield），其中大多是來自國外的觀光客。雖然旅客要自己從機場航廈走到停駐機坪的Ju52飛機上，但卻沒有人立即走入機艙。大家都有如見到老友一般珍愛地摸摸老飛機的機體。臉上帶著笑容看著這個場景的女性職員告訴我們說：「剛開始為了確保大家擁有足夠時間能夠接觸Ju52運輸機，我們還特地提早了開始搭機的廣播呢！」

有些人則是饒富興趣地看著由杜拉鋁製波浪型金屬蒙皮打造而成的主翼。這種有著瓦楞紙型金屬蒙皮構造的機體是容克斯公司的得意之作，因為此種方式在不增加重量的情況下，成功地提升了飛機機體的強度。

Ju52運輸機的載客人數為16人，繞行法蘭克福近郊一周就會飛返原場地。飛行時間約為30分鐘至1個小時。每年從4月初開始到10月底結束的這段期間幾乎天天都會飛行航運，但為了延長飛機活躍空中的時間，還是設定了每個月要進行3次的維護整理作業。

✈ 搭乘戎克老姑媽來趟遊覽飛行

由德國容克斯公司所開發的復古飛機「Ju52」，在1930年代進行了首航。

✈ 來自海外源源不絕的觀光客

出發前20分鐘開始登機。每次飛行大約在1週前就會額滿。

不久後的未來可藉由3D列印來製造客機？

「請看看這個零件，這是參考動物骨骼所設計的，也是藉由3D列印機（3D printing）進行雷射鍛燒（Sintering）鈦粉所製成的。」

我們在空中巴士公司主要據點之一的德國漢堡（Hamburg）工廠見到了一位彼得·桑德（Peter Sander）先生，他為我們展示了一個形狀奇妙的金屬物品，是用來裝設在客機空中廚房（Galley）用具當中的零件。彼得·桑德先生領導了一個研究計畫團隊，其研究主題是有益於近未來客機製造的3D列印。主要內容是開發所謂的仿生設計（Bionic Design），也就是針對生物的構造、組織以及發生的機轉、進化進行研究後，再應用於零件部品的設計當中。

「開始研究生物的外形後，我們也發現仿生設計在強韌、輕盈方面同樣具有優異效果。可是，就算能夠在電腦上完成運算設計，還是會因為造型太過精巧纖細而難以利用傳統製造方式完成製作。不過，藉由3D列印就能夠作出實際的物品，真可說是一項劃時代的創舉。」

利用3D列印製作完成的部品預定在2016年就會實際裝載於飛機之中，同時更可預期未來將能降低備用零件的庫存量。因為採用這種方法就無須逐項備齊幾萬個物品，只需在必要的時間點與場所使用3D列印即可。

該公司的構想並非僅止於零件部品的製造。「請看看這個！」他將一個有如藤蔓纏繞的骨架模型放在我們面前，也就是空中巴士公司所發表的近未來概念機。桑德先生表示：「西元2050年的客機將會模仿鳥類骨骼而呈現仿生工學的構造。」而這座模型也是他領導的團隊以3D列印製作完成的。

✈ 由零件部品開始嘗試3D列印技術

藉由3D列印技術來挑戰客機開發的團隊領導者——彼得‧桑德先生。

✈ 模仿鳥類骨骼的未來飛機

這架近未來概念機的模型也是他的團隊以3D列印製造完成的作品。

蒙面俠蘇洛？ 還是狸貓？

　　這是發生在南法土魯斯（Toulouse）空中巴士總公司工廠的事情。某位正在製造現場為我們介紹最新機種A350XWB客機的女性廣宣職員，站在駕駛艙正面指著玻璃說道：「這看起來很帥氣吧！」因為塗裝為全黑並將駕駛艙分割為六片玻璃的窗框正是A350XWB客機的特徵。

　　「這在日本的女性飛機愛好者間也頗受好評喔！」我這麼回答道。「她們都說這很像狸貓飛在空中，實在是太可愛了！」

　　「狸貓？狸貓是什麼東西啊？」

　　「狸貓？就是Raccoon Dog啊！」

　　「Raccoon Dog！哎呀，怎麼是狸貓啊，我們大家都覺得很像蒙面俠蘇洛啊！」

　　原來如此啊，是蒙面俠蘇洛啊！但我始終還是覺得看起來就像是狸貓啊……。

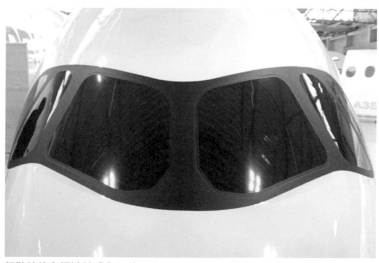

駕駛艙的窗框被塗成全黑的空中巴士A350XWB客機。

關於飛行的為什麼

客機為何能夠在空中飛行？ 主翼的襟翼與擾流板有著何種功用？ 客機的機體即使遭遇雷擊也沒關係？ 愈知道就愈有興趣，讓人想要更加深入了解的客機世界。 現在就來看看飛行的原理與機體的構造吧！

022

什麼是新世代機所使用的碳纖維複合材料？

「那麼一大團鐵塊居然可以飛在空中，真是太不可思議了！」

雖然經常有人這麼說，但飛機可絕不是什麼「一大團鐵塊」之類的東西。因為如果真的使用「一大團鐵塊」來製造飛機的話，完成後的飛機想必會極為堅硬，但也一定會遇到過重的問題，根本無法起飛並持續停留在天空當中。在飛機的設計這部分，「輕量化」是一個極為重要的關鍵。

因此，為了讓飛機更加輕量化，之前的機體主要材料都是以「鋁合金」打造而成，但近來的最新機種則開始採用更為輕量，且強度可達鐵的8倍的碳纖維複合材料。例如，波音787客機與空中巴士A350XWB客機就是全體機身的50%及52%都以此種碳纖維複合材料製造而成。

所謂的碳纖維複合材料，是在溫度大約攝氏1000度的特殊條件下進行燒製，接著將直徑5毫米左右的碳纖維編紮成束，融合尼龍樹脂之後再進行鍛燒加工，然後產生「質輕強韌」的碳纖維特色。所以高爾夫球俱樂部的球桿與釣竿等工具也都會使用碳纖維這種材質。實際找了材料樣本來看看，發現這種素材的確非常輕盈纖薄。但同時也會讓人心裡不安地想著：「採用這種看似脆弱的材料來製造飛機，機體的強度真的沒有問題嗎？」不過，某位與引進波音787客機工作有關的全日空公司修護工程師很快就消除了這樣的疑慮。

「我們最初也是非常不安，而且為了要確定有沒有什麼方法會破壞材料，還準備了碳纖維的素材試著敲擊破壞。但不論我們再怎麼用力敲打，甚至敲到手都疼痛不堪了，這個素材還是完全沒有損壞。也因為這個測試，我們每個人都深刻了解到，『這種材料的強度的確沒有問題，真的不用擔心。』」

 重量輕盈且強度為鐵的8倍

碳纖維複合材料的樣品。比重約為鐵的1/4，極為輕盈，強度則為鐵的8倍。

 生產線

採用碳纖維複合材料的A350XWB客機後方機身正在逐漸成型之中。

飛在空中的飛機會有4種力量產生作用，並且互相抵銷。這4種力包括產生向上力量的「升力」、產生向下力量的「重力」、作用於前進方向的「推力」，以及作用在與前進方向相反方向的「阻力」。4種力量之中，對於飛行最重要的就是「升力」。

升力就是將飛機向上拉起的力量，正因為升力有所作用，才能讓巨大的客機浮在天空之中。

要能產生巨大升力的重點在於主翼的形狀。只要在機場等處近距離觀察客機的主翼，即可發現主翼上方呈現著圓弧般的突起形狀。當引擎的推力讓客機在空氣中向前推進時，空氣一接觸到機翼後就會沿著機翼的上下兩側分別快速通過。這時，流經主翼上方圓弧突起部分的空氣通過了較長的距離，所以會比流經機翼下方的空氣速度更快。此時，就會出現空氣流速較快的上方壓力變小，空氣流速較慢的下方壓力反而變大的情況。這種流體（氣體與液體）速度一旦增加，壓力隨之下降的現象就被命名為「白努力定律（Bernoulli's principle）」，而白努力定律的名稱即是由發現者名字而來。

機翼的上下兩側一旦出現壓力差時，就會產生從壓力較高處往較低處的力量，而這就是向上浮起的力量，也就是升力。因此，飛機的主翼可說是一種「產生升力的裝置」，當升力大於將機體向下拉沉的重力時，飛機就會開始上升，一旦在高空中到達升力與重力彼此抵銷的均衡狀態後，就能夠持續保持水平飛行了。

升力與重力的作用力互相抵銷

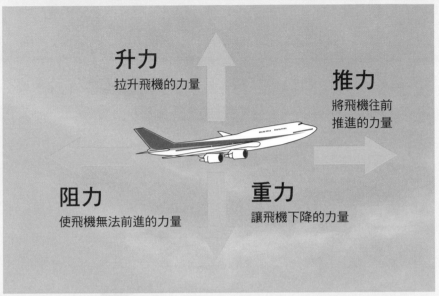

飛行在空中的飛機同時有著「升力」「重力」「推力」「阻力」等4種力量產生作用。

 白努力定律

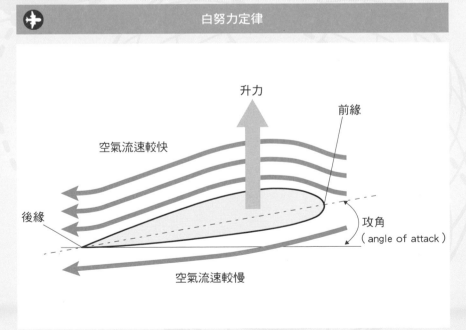

機翼的橫切面形狀與空氣的流動。流經上方的空氣因通過距離較長，所以壓力會變小。

我們在第54頁已經說明了，客機之所以會使用鋁合金與新式複合材料，就是為了要盡可能減輕飛機重量並提升強度。但就算做足許多努力，一架飛機的整體重量還是非常驚人的。如果以大型飛機為例，在裝滿乘客、貨物、燃料狀態下的飛機總重可是高達350～400噸。

若是要在日常生活中實際體驗可讓如此龐然大物輕盈飛上天空的升力，其實有好幾個方法。

首先，準備一隻湯匙，然後走到浴室或是廚房轉開水龍頭，讓水龍頭裡的水流瀉而出。接著，如同右圖一般將食指與拇指輕輕夾住湯匙柄的前端使其向下垂掛，試著讓湯匙背面的圓弧突起靠近正在流動的水。當湯匙的圓弧突起靠近水流的那瞬間，發生了什麼事呢？大家應該有發現湯匙被流水給吸過去了吧！如果再將水龍頭轉到底而讓水量變大的話，吸引湯匙的力量也會變得更強。

如果從正側面來觀察湯匙的形狀，就能夠理解飛機主翼上為何會產生「升力」了。因為飛機主翼上方圓弧突起部分的橫切面與從側面看到的湯匙形狀是非常相似的，而這時水管的水流也有如空氣的流動。當空氣快速流經機翼上方時，就會產生被稱為「負壓」的空氣壓力差，而這正是可以抬起機體的升力。

就像坐在行駛於高速公路的汽車副駕駛座，將手背拱成右頁插圖的圓弧狀，伸出窗外然後放鬆，空氣流經手背表面後就會逐漸將手抬高。這與空氣流經飛機主翼上方而產生升力的原理幾乎是完全相同的。

利用湯匙實驗了解原理

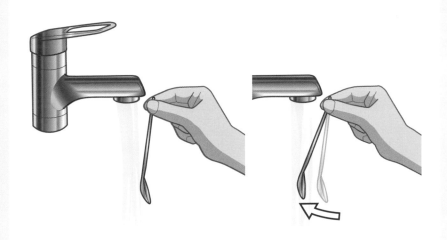

因為主翼橫切面與湯匙正側面看到的形狀非常相似，所以能利用這個實驗來體驗升力如何產生。

還有這個方法

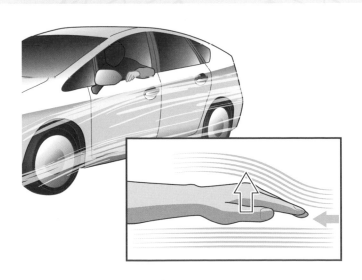

將拱成圓弧狀的手背從高速行駛的車窗當中伸出來，就會一點點地舉起升高。

025 主翼前端的燈誌為何是左紅右綠？

目前，客機主翼前端的明亮燈誌被規定為主翼左側是「紅燈」、主翼右側是「綠燈」。這些被稱為「航行燈（Navigation Light）」的燈誌不可以更改為其他顏色，原因就是為了讓對向來機了解本機的行進方向。

在飛行途中，如果在駕駛艙裡想要辨認前方其他客機的燈誌，只要看到右邊是紅的、左邊是綠的，就可以馬上知道這架客機正朝著自己的方向飛過來。尤其是肉眼難以觀察辨識的夜間飛行，航行燈更是一種有助於駕駛做出判斷的重要號誌。

當兩架高速飛行的客機在空中互相擦身而過時，飛機駕駛們會看到什麼景象呢？假設這兩架飛機以時速900公里的速度互相接近，其相對速度即為時速1800公里。如此驚人的速度與我們日常習慣搭乘的汽車或是電車速度是截然不同的。換算為秒速甚至可達每秒500公尺，一開始視線中只有一小點，即將抵達前方5公里處才能好不容易目視辨認出那是對向來機。而且從駕駛發現對向來機的存在至雙方在高空擦身而過為止——所需時間僅僅只有10秒鐘左右。

不過，這並不表示進入視線內的對向來機一定會發生相撞或是異常接近（Near miss）的情況，大家不用太過擔心。因為地面上的塔台等單位會隨時控制空中的情況，就算兩架飛機都飛在相同航道上，飛行規則也會要求向東的客機必需飛在1000英呎為單位的奇數高度，而飛往西方的飛機則是飛在1000英呎單位的偶數高度，也就是飛機在高空飛行時會以2000英呎作為垂直間隔。

為對向來機提供信號

藉由主翼的紅燈（左邊主翼前端）與綠燈（右邊主翼前端）來通知對向來機飛機的前進方向。

 奇數高度與偶數高度

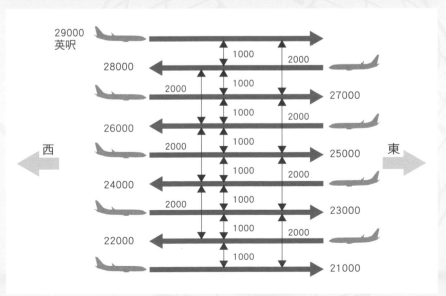

往東邊飛行時，為1000英呎單位的奇數高度，往西邊飛行時則是1000英呎單位的偶數高度。

　　客機的廁所大致上可分為兩種。一種被稱為「循環式」，是有點老舊的類型。循環式的廁所是在馬桶正下方設置貯放汙物的水槽，並藉由循環槽內的用水來洗淨馬桶，故因而得名。

　　不過，因為循環式廁所需要重複使用有限的水分，所以缺點就是每次使用廁所時，都必須將馬桶用水再次進行殺菌、淨化程序，馬桶的用水也會隨著使用的頻繁程度而逐漸變髒。因此，經過製造團隊的思考後，便研發出利用飛機內外壓力差且名字為「真空式」的嶄新廁所型式。

　　在地面的時候，飛機內部與機外都同為「1大氣壓」，但到了高度1萬公尺的高空時，飛機外面的氣壓會低於機內的氣壓。這裡有個重點是「空氣會由氣壓高處流往氣壓低處」的性質。真空式的廁所是藉由連接廁所與收集槽的水管而通往飛機外部。當飛機在高空飛行時，乘客使用完廁所並按下「洗淨」的按鈕後，就能夠用極少量的水分將汙物強力地吸走，很多人都會覺得非常不可思議。這是因為遮阻水管的閥門朝外打開後，管道內的氣壓就會一口氣快速下降之故。也就是說，這與機體開了一個洞是一樣的狀態，所以汙物就會被吸往水槽的方向，加上空氣跟著逸散至飛機外部後，就僅留下汙物被集中到水槽了。

　　相較於循環式廁所，真空式廁所只需要在飛機後方找到一處空間即可，因此還有著可提高機內配置自由度的優點。加上水槽只有一個，處理手續也很簡單，所以現今的新型客機幾乎已全都採用真空式廁所了。

 最新型的廁所

新型客機的廁所也會設置窗戶，而且大多都會呈現明亮且具開放感的設計。

利用飛機內外的壓力差

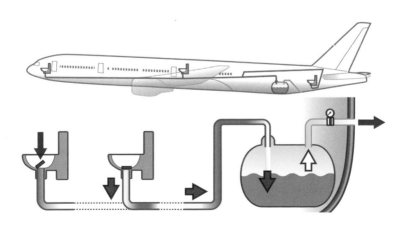

真空式廁所的構造原理是利用飛機的內外壓力差。

最新款的波音777客機肩負著日本至歐洲等地長距離航線的任務，其承載的燃料最多可達17萬公升左右（約為850個大型的汽油桶）。其中光是燃料的重量就超過140噸——這也表示了與機體幾乎等重的燃料全都是存放在飛機內部之中。那麼，如此巨大的油箱究竟是隱藏在客機的何處呢？

大型客機的油箱其實是裝設在左右兩邊大大伸展的主翼內部，而最主要的原因就是要避免主翼的翼根承載過大的力量（彎曲力矩）。

客機在飛行時，用來促發升力（將客機向上拉起的力量）的主翼與受到重力下拉的機身會有相反方向的力量各自產生作用。如果將儲存大量燃料的油箱設在機身當中而使主翼重量變輕，又會發生什麼情況呢？因為這時向上拉升的主翼重量遠低於飛機機身的重量，所以主翼的翼根可能會啪地應聲而斷。不過，當油箱改設置於主翼而使重量大幅增加時，較重的部位完全可藉由升力推升浮起。即使被向下沉落的機體往下拉，也能夠防止主翼過度向上彎曲。

另外，主翼內部的油箱還可細分為中央油箱（Center tank）、主油箱（Main tank）、通氣緩衝油箱（Vent surge tank）等幾種類型。因此，即使客機在高空中改變姿勢，飛機燃油也不會在主翼當中到處移動而改變重量。當飛機一邊飛行、一邊消耗燃油時，機體的重心位置雖然也會隨之改變，但這樣的設計可以讓客機重心始終保持在主翼附近。

約為850桶的汽油桶

工作人員打開主翼內側的加油孔，為接下來的飛行任務補給燃料。

 將油箱加以細分

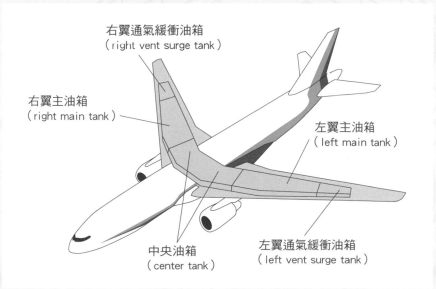

飛機油箱的設置還可細分為中央油箱、主油箱，以及通氣緩衝油箱等數種。

經常有人問我：「客機也是使用汽油（Gasoline）來飛行的嗎？」答案其實是否定的。飛機並不是藉由汽油這種燃料來飛行的。噴射機的燃料是一種與煤油暖氣所用煤油類似的燃油，稱之為「航空煤油（Kerosene）」。

這種燃料雖然是煤油的一種，但與含水量高的家庭用煤油並不相同。因為噴射客機的飛行高度是在1萬公尺以上的高空，氣溫將近攝氏零下50度，所以一旦燃油水分過多就會在高空中凝結冰凍。為了避免這種情況，客機採用的燃油雖然也是煤油的一種，但卻是水分較少，純度極高的種類。

航空煤油與汽油同樣都由石油製造而成，但就像我們在前文說過的，飛機的飛行需要大量燃料，所以原油價格的高漲會對航空公司的經營造成莫大影響。以每趟飛行來說，大約有三成銷售金額是花在燃料費用上面。

有位在機場停機坪區域（Ramp area）處理貨物的朋友曾經告訴我說：「雖然旅客會對機場抱持著浪漫的想法，但對於每天都在此地工作的我們來說，機場可絕對不是什麼美麗的環境。因為飛機排氣（Exhaust gas）的影響，使得我們的耳朵與鼻孔在結束機坪工作後就會整個發黑。每架飛機在引擎加速時所噴發的排氣分量大概等同於100台普通車輛呢！」

面對地球日益暖化的情況，航空界現在也開始努力推動環保「生質燃料」的實用化，這種燃料是以使用過的食用油及生長於水中的藻類作為原料。德國漢莎航空也採用了搭載生質燃料的客機來定期飛航德國境內的航線。

燃油儲存設施

設置在機場用地中的大型燃油儲存設施。

 逐步進行生質燃料的實用化

正在為漢莎航空國內定期班次進行加油作業的生質燃料加油車。

在客機的世界中，並不太會使用「落雷」這個詞彙，而是以「被雷擊中」的語詞來描述雷擊。原因在於雷電並非永遠都是由上往下掉落。如果站在平地觀看，可以發現雷電閃光都是由上往下奔跑的，但如果有特定目標物時，雷電其實也會從旁邊或由下往上攻擊。對於雷擊的危險性，以前某位採訪過的機長也曾經這麼說過：

「飛機在飛行時，雖然可以藉由氣象雷達而事先得知雷雨雲（Thundercloud）的情況得以迴避，但其實飛機在惡劣氣候中偶爾還是會遇到雷擊的情況。這時最重要的就是要在到達目的地之後立即通知修護人員，並對飛機機體的狀況加以仔細檢查。只要有縝密查驗的話，飛機遇到雷擊並不會有什麼大問題。」

一般說來，人體遇到雷擊受傷是因為電流通過身體之故。這種情況會造成嚴重的燒燙傷，甚至可能因為電擊引發心臟停止跳動而導致死亡。但飛機內部的乘客因為受到金屬與複合材料製成的機體保護，所以是安全的。大家都聽過天空打雷時只要待在車子裡頭就會安全，這是因為電流會透過車子的金屬車身竄往地面之故，而客機的情況當然也是如此。

此外，客機飛行時也會與大氣之間互相摩擦，導致客機機體產生靜電。因為這種靜電可能會對通訊儀器及測量儀器等飛行設備造成影響，所以客機會在主翼與尾翼等處裝設一種能將靜電逸散的裝置，也就是所謂的「靜電放射器（Static Discharger）」。靜電放射器是長度約10公分的細棒狀物體。當飛機在飛行中遭遇雷擊時，靜電放射器就會發揮如同避雷針般的作用。中型客機的機身大約會裝設20～30支的靜電放射器，而大型客機則是裝設50支左右。

主翼的放電裝置

即使遭受雷擊，主翼的「靜電放射器」也會有避雷針般的功用。

尾翼的放電裝置

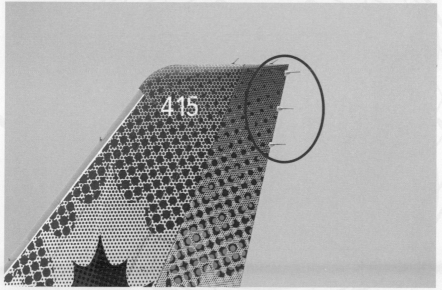

這邊是尾翼用的放電裝置。長度約為10公分的棒狀物體會將機體產生的靜電逸散出去。

　　如果仔細看看孩子們在公園裡嬉戲丟擲的紙飛機，可以發現有好幾架都是飛機機翼的前端被稍稍向上摺起，因為孩子們知道這種摺法能讓紙飛機在空中的姿勢保持穩定。

　　事實上，客機也採用了完全相同的智慧與技巧。現在，我們也能在機場看到左右主翼前端有著小小機翼筆直向上方豎起的客機，而裝有這種「翼端帆（Winglet，翼端小翼）」的代表性機種就是波音737客機的NG系列，以及空中巴士正在進行開發的A320neo與2014年底登場的Ａ３５０ＸＷＢ。空中巴士的機種則是將翼端帆稱為「鯊鰭小翼（Sharklet）」。

　　當飛機的主翼上方空氣流速較快，下方較慢時，就會產生負壓，這就是可讓飛機浮起升高的「升力」。不過，此時主翼的翼尖部分卻會因空氣從下方朝上逸去，導致會成為空氣阻力的「翼尖渦旋」產生。這種翼尖渦旋會成為將機翼向後方拉扯的力量──也就是客機往前飛行時的阻力。此時，用來解決這個問題的就是翼端帆了。

　　翼端帆的功能除了可將翼尖渦旋分散開來，同時還能讓漩渦的氣流轉變為朝往前方的升力（推力），並藉此大幅提升燃料消耗的效率。客機的翼端帆最初是出現在1990年前後製造的波音747-400客機上，雖然波音747-400客機的翼端帆形狀是主翼前端有著尖銳角度的彎折形狀，但前面提到的737-NG系列及空中巴士最新機型所採用的翼端帆種類，卻是以延長主翼的形式來描繪出圓滑的曲線。

阻止翼尖渦旋

客機主翼前端有著小小機翼筆直立起的波音737-800客機。

設計為流線型風格

空中巴士A350XWB客機採用了畫出圓滑曲線的翼端帆類型。

031

客機無法自行後退？

　　客機在機場航廈停機坪要前往跑道（Runway）時，是利用與飛行時相同的噴射引擎推力來使機體在滑行道（Taxi way）移動。此時飛機的輪胎並未打入排檔展開傳動，只是單純地空轉。引擎轉速被控制在最低程度，幾乎都是以慢車速度（Idling）的狀態來行走，同時還會藉由煞車控制速度而緩慢前進。

　　說到這裡，大家應該已經發現了吧？那就是客機雖然能夠前進，但卻無法自行後退，其原因就在於機輪並未裝設動力之故。飛機之所以會這樣設計的理由即如下所述。

　　如果在飛機的機輪設置動力裝置，整體的構造機制當然會變得更為複雜，而且還會增加機身的重量。一旦將飛機的機輪構造設計成能夠自行後退，就必須搭載飛機後退專用的引擎。因為飛機在滿載乘客與燃料的狀態下移動300噸以上的機體時，必定會需要一具有相當動力的引擎。可是如此巨大且沉重的引擎若在飛機從跑道起飛離地後就不再使用的話，從任何角度來看都是太浪費的設計。

　　那麼，為讓乘客方便上下飛機而將機首朝往航廈方向停在機坪上的客機，出發時又是如何後退的呢？這個時候派上用場的，就是隨時停在地面上等待出動的「大力士」了，也就是被大家稱為「曳引車（Towing car）」的特殊車輛。不論在哪座機場，隨時都有能將重量達300噸、400噸的客機輕鬆推動的曳引車在一旁待命。這種車子會將車子前方伸出的牽引用桿子裝在機體前輪上，當機長發出後推（Push back）的指令後，機體就會被曳引車推著，朝向後方慢慢地動了起來。

飛機的輪子沒有動力

客機的機輪沒有動力，只會空轉。

 機場裡的大力士

不論何種龐然大物都能輕鬆推動的曳引車，俐落有力的身影讓人大感痛快。

032

襟翼與擾流板扮演的角色為何？

　　客機的升力（浮在空中的力量）是藉由引擎推力向前行進，並加上主翼受風引發氣流才得以產生的。當飛機高速前進時，流經高速前進的翼面的空氣愈是快速，以及巨大主翼面積承受的空氣愈多的話，升力都會增加。飛機如果在高空巡航飛行，通常以主翼的面積大小就能夠獲得必要的升力，但飛機起飛時並不會立即到達這種速度，或是飛機處於下降著陸的狀況下，都必須將速度降低至可確保安全的程度。如此一來，為了在降速的狀態下仍可獲得必要的升力，當然就必須加大機翼的面積。

　　負責增加客機主翼面積的，就是被稱為「高升力裝置」的零組件，而「襟翼（Flap）」就是其中的一個代表性裝置。當出發的準備作業就緒，飛機從停機坪朝往滑行道開始緩緩移動時，主翼後方的襟翼就會發出聲響、開始動作。飛機起飛後，若是順利上升且速度也已提高，襟翼就會被收進主翼的空間當中。等到快要接近目的地機場時，才會打開襟翼再次動作。大家只要看到這個情景就可以馬上了解「飛機接下來要減速並進入最後的降落著陸姿勢了」。

　　在主翼上方做出豎立板子動作的就是擾流板（Spoiler）了。擾流板與襟翼相反，是用來消除升力的裝置，通常是在飛機要降低飛行高度時才會使用。因為升力與速度會呈現一定比例，所以飛機若想降低高度，通常僅需減速即可。聽到這裡，或許有人會認為：「這麼說來，飛機是不需要擾流板的啊？」但在某些緊急時刻，為了要讓飛機能夠一邊維持速度，一邊盡快下降至地面，還是必須啟動擾流板。

　　此外，襟翼與擾流板這兩個裝置也被合稱為「副翼（Aileron）」。

增加機翼面積

起飛與著陸時會啟動襟翼，藉此加大機翼的面積。

 消除飛機的升力

擾流板會在主翼上方做出豎起板子的動作，具有消除升力的功用。

033

噴射引擎的結構為何？

在愛好者們的惋惜聲中，曾翱翔於世界各地的巨無霸客機（波音747）在天空中漸漸失去了蹤影。這架飛機共裝有4具引擎，每具引擎會噴射出25噸左右的煙道氣（Flue gas），4具引擎合計共會朝向後方噴出100噸左右，所以可以產生巨大的推力。取代巨無霸客機活躍在長距離國際航線的波音777，則是如同「雙引擎飛機」的名稱所示，只搭載使用了2座引擎，但波音777的單一引擎就比波音747來得更大，且每座推力可達40噸以上。正因為此種引擎具有如此龐大的力量，所以僅需2具引擎就能讓如此大型的飛機保持高速飛行。如果在飛機噴出煙道氣時不小心站在引擎後方，就會發現其強大威力連大型巴士也能夠輕輕鬆鬆地吹個老遠。

在這裡，我們先針對這些大型客機使用的「渦輪風扇引擎（Turbofan Jet Engine）」的構造機制加以詳細說明。

就像右圖所顯示的，引擎的內部可分為壓縮機、燃燒室、渦輪等各個區域。其中，壓縮機與渦輪是以大軸聯結，以此軸為中心而連接的眾多電風扇葉片般的物體就是所謂的風扇葉片。風扇葉片的特徵在於其尺寸大小會從前方（壓縮機）往後方（燃燒室）逐漸縮小。

當風扇葉片高速旋轉時，周遭空氣就會被陸續吸入引擎的內部。因為葉片的尺寸大小是愈到後方變得愈小，所以吸進來的空氣也會被緊密壓縮。受到壓縮而變得高溫的空氣被送至燃燒室後，就會在此處與噴出的燃料互相混合，然後藉由火星塞點燃而爆發燃燒，燃燒後的氣體就會強而有力地往後方噴射出去了。

將煙道氣轉為強大力量

渦輪風扇引擎的結構

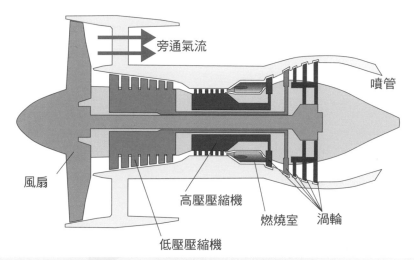

旁通氣流

噴管

風扇

高壓壓縮機

燃燒室　渦輪

低壓壓縮機

內部可區分為壓縮機、燃燒宰、渦輪等各個區域的引擎構造橫切面。

 「花瓣型」噴管

波音787與747-8i等次世代客機的引擎都採用了能夠抑制噪音的「花瓣型」噴管。

034　客機輪胎的耐用程度有多高？

　　如果參訪機場的維護棚廠（Maintenance Hangar），並近距離觀看客機輪胎的話，一定會對巨大的輪胎感到極為驚嘆。F1賽車之類的輪胎雖然已經不小，但卻還是完全無法與客機輪胎互相比擬。而且只要再抬頭仰望看看這些輪胎所支撐的客機機體，我們一定會感到更加驚奇無比！

　　現在，就讓我們以波音777-300ER客機為例來仔細思考看看。如果以此架飛機飛行國際線，其總重量大約為300噸，而波音777在主起落架（Main Gear）上的兩邊各有6條輪胎，合計共有12條，所以可計算出每條輪胎的平均承擔重量為25噸左右。以25噸來說，約為1台大型拖車以上的重量，但飛機只以1條輪胎來承載如此的重量。

　　大家容易誤認飛機從高空降落在滑行跑道的那段時間才是輪胎的最大負擔所在，但其實客機的重量在起飛滿載燃料之際才是最重的，加上起飛時的速度比著陸時還快，所以輪胎在這個情況下的負擔反而是更大的。

　　除了需要支撐300噸的重量外，抵擋嚴酷的環境條件並發揮作用也是客機輪胎的必然命運。高空的氣溫大概會下降到攝氏零下50～60度左右，抵達地面時又會因煞車熱氣而讓輪胎溫度升高至150度左右。承受零下50度低溫的輪胎在滑行至跑道時，必須在瞬間耐受如此驚人高溫，包括賽車在內的其他領域應該都無法想像這種情況。

　　另外，如果問到客機輪胎的飛行次數，答案是同一條輪胎大概可承受飛行次數約為250次。一旦到達250次，就會再次更新胎面，也就是將輪胎已經磨損的胎面更替換新。更新胎面的作業通常會重複5、6次，所以可計算出每條飛機輪胎大約能夠承受1500次左右的飛行航程。

能夠耐受1500次的飛行

相較於著陸，飛機起飛對於輪胎的壓力反而是比較大的。

 支撐300噸的重量

波音777客機在主起落架上兩邊各裝有6條輪胎，共計12條。每1條輪胎可支撐大約25噸的重量。

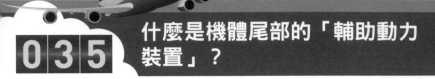

　　不知大家在機場是否曾看過，暫停在機坪的客機從機體後方噴出熱風的景象？

　　這個會噴出有如廢氣（Exhaust gas）之類氣體的孔洞，其實是被稱為「APU（Auxiliary power unit）」的輔助動力裝置的排氣口。APU可說是一座小型的噴射引擎，如果沒有這種輔助動力裝置，就無法啟動飛機主翼的主引擎（Main engine）。因為噴射客機引擎的功能就是用來在高空飛行時吸入大量的空氣，所以當客機停在機場而處於靜止狀態時，是無法以自身力量啟動的。

　　幾乎所有客機都是將APU裝設在機身的最後方部位，而排氣口的形狀則會因機種的不同而有所差異。有不少航空迷僅是見到排氣口的形狀就能說出機種名稱。客機的APU多半裝設在機身後方下面部位，有些機種的空氣吸入口還會裝設門板，只有在APU開始動作時才會開啟。

　　要啟動噴射引擎時，第一步是利用APU進行空氣壓縮，然後再以此壓縮空氣的力量轉動被稱為「氣動起動機（Pneumatic starter）」的小型傳動裝置，接著再啟動主引擎。

　　當客機引擎處於靜止狀態時，並無法供給機內所需電力。這個「APU」裝置不但可以啟動主引擎，同時還能夠讓停在機坪上的飛機驅動油壓泵浦，進而供給用水，甚至它還扮演了為機艙照明和空調提供電力的角色。

波音777客機的輔助動力裝置

波音777客機的APU排氣口形狀獨特，並非呈現左右對稱。

 空氣的吸取入口

設置在波音777客機後方機身上緣的APU空氣吸取入口。

036 客機真的會振翅飛翔嗎？

「哇，妳看，妳看，這架飛機正在拍動翅膀呢！」

坐在經濟艙中間區域——約莫主翼略後方窗邊的小男孩一邊看著外面，一邊對著身邊的母親喊著。

「哎呀，這個孩子真是的！」聽到孩子這麼喊著的媽媽說道，「飛機又不是鳥，是不會拍動翅膀的喔！」

媽媽看起來似乎非常在意周遭的視線，但對這個小男孩來說，客機看起來就像在拍動翅膀、振翅飛行吧！因為當飛機通過氣流不穩定的區域時，常常可以看到主翼隨之搖晃而上下彎曲振動的情況。

客機的主翼是由翼樑（Spar）、翼肋（Ribs）、蒙皮（Skin）等部分所組合而成。主翼上會有數根翼樑順著翼幅的方向（從翼根沿至翼端方向）延伸而出，並且還裝設了與其呈直角交錯的翼肋。在有如日式拉門格架的上方與下方，都以日式拉門貼附紙張的方式裝上了飛機的蒙皮。

主翼的功用在於能夠產生可讓客機飛上天空且持續停留的升力，但飛行途中卻常常出現往上彎折的情況。機身部分則相反，因為重力作用而產生被拉往地面的情況。因此，主翼的構造若不具備足夠柔軟性，機翼就會有在空中啪地折斷的危險性。

因此，除了強度之外，「順風彎折的柔軟度」也是設計主翼時的重要關鍵。在飛機通過高空氣流不穩的區域時，自然會出現主翼上下劇烈擺動的情況。另外，這種方式除了能夠分散翼根部分所承載的力量之外，還可降低機身（客艙）的搖晃程度，進而提升旅客搭乘飛機時的舒適感。

主翼的構造

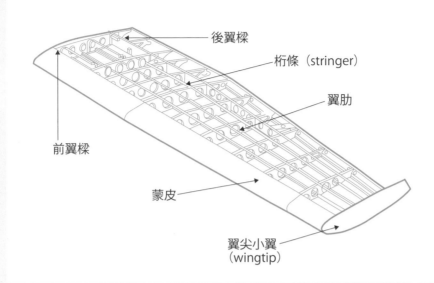

後翼樑

桁條（stringer）

翼肋

前翼樑

蒙皮

翼尖小翼
（wingtip）

客機主翼是由翼樑、翼肋、蒙皮等部分所構築而成的。

「柔軟強韌」會吸收震動

在高空中柔軟彎折的波音787客機主翼，看起來非常優雅美麗。

在晴朗的日子抬頭看看天空，常可見到正要通過的客機在蔚藍天空裡畫出了一道筆直白線。為何會有這種飛行時拖曳出長長白線的客機，還有飛行時不會出現任何蹤跡的客機呢？

在冬天的清晨裡一吐氣的話，就可以看到空氣變得白白的，而飛機雲（Contrail，飛機的凝結尾流）形成的原理也是一樣的。特別是在高空出現卷雲時，就很容易形成飛機雲。所謂的「卷雲」，是一種「冰晶雲層」，通常出現在冰點之下的零下10度大氣之中，而且其周圍空氣也都處在飽和的狀態。當噴射客機進入這種雲層當中持續前進時，引擎排氣中的水分就會凝結形成濃密的飛機雲。雖然飛機雲多半會立即消失，但有時會持續長達1個小時以上。

以前有個電視氣象主播曾提到，大家可藉由飛機雲來預測翌日的天氣狀況。「我們之所以能夠看到飛機雲，就是高空裡的水蒸氣正在增加的證據，所以隔天的天氣很有可能是多雲的。另外，即使同樣都是飛機雲，有時也不會保持一直線，而是如同波浪般高低起伏，這是因為高空中正吹著強風的緣故，同時也表示天氣有可能會快速轉變。」

原來如此啊！這似乎也是事先了解就很有用的知識呢！

不過，在企業廣告這方面，也有藉由人工方式在高空產生飛機雲的手法。這種方法稱為「空中打字（sky-typing）」，就是利用小型飛機在空中製造點狀飛機雲，並將廣大天空作為畫布而打上各種文字，常常在活動、企業宣傳等場合中使用。

✈ 飛機在高空中拉出的白線

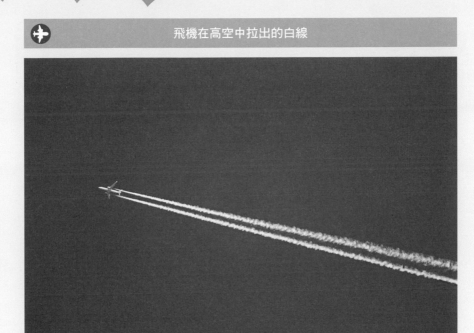

蔚藍晴空中拉出筆直白線的祕密是什麼？

✈ 高空中的水蒸氣開始增加

引擎排氣中的水分凝結後就成為濃密的飛機雲。

追趕太陽

　　我常常搭乘日暮時分出發的班機從羽田機場飛往日本海一帶與中國地方（註：位於日本西南部，包括鳥取縣、島根縣、岡山縣、廣島縣、山口縣等地區，人口約有7百多萬。）的城市。有趣的是，起飛之後竟可在空中再次見到原已沉落的太陽。雖說這是因為飛機追趕西沉太陽而遇到的現象，但常常有人聽到之後會問我：「如果一直飛下去的話，客機就可以超越太陽嗎？」

　　太陽移動的速度——也就是地球自轉的速度約為時速1680公里。這是在赤道附近所計算得來的速度，如果位置是日本的話，速度就會再慢一些，大概也有時速1370公里左右。另一方面，客機速度充其量也只有時速900公里前後，所以不論飛機怎麼努力，終究是無法追上太陽的。我們之所以能夠在天空中再次看到剛剛沉落的太陽，其實是因為飛機起飛後在短時間內一舉提升高度，所以能夠眺望更遠之處的緣故。

如果搭乘日落時分的班機向西飛行，就可以看到兩次夕陽。

第3章

關於營運飛航的為什麼

為何飛機只從左側前方的機門上下飛
機？ 為何去程與回程的時間是不一樣
的？ 客機是如何清洗的？ 在本章中，
我們收集了許多日常的航運作業的問
題，現在就來了解看看吧！

班機編號數字的訂定規則是什麼？

前往芬蘭的赫爾辛基時，通常搭乘日本航空班機的機會是比較多的。日航由成田機場出發的去程班機編號為「413班機」，而從赫爾辛基飛回日本的回程班機編號則為「414班機」。或許有不少人看到班機編號的數字後就會想說，「班機編號的規則就是奇數班機為日本前往國外；而偶數班機則是國外飛來日本。」但如果搭乘同為日航的班機前往紐約時，一天2次的成田起飛航班為偶數的「004班機」與「006班機」，而從紐約飛回日本的航班則是「003班機」與「005班機」。班機編號的奇數與偶數剛好對調、變成相反了。那麼，用來表示航班名稱的數字到底有沒有共同的制定規則呢？

如果直接回答結論的話，班機編號的數字其實沒有全部航空公司共用的制定規則。不過，以上述日航的例子來看就很容易了解，大多數國際航線都是考量地球整體情況，由東向西的航班訂為奇數，而相反方向的由西至東航班則是定為偶數。像是全日空的曼谷航線，也是將奇、偶數分配為成田機場至曼谷（向西）之間的去程班機為奇數的「805」，而從曼谷以相反方向飛往成田機場（向東）的班機則定為偶數的「806」。

不過，有些航空公司會將西與東、奇數與偶數的規則反向設定，也有些會將本國飛往外國的班機設為奇數；從外國飛回本國的班機設為偶數。另外，各家航空公司多半會將「001」和「002」的班機編號分配給該家航空公司的主要飛航路線，或是歷史悠久的傳統航線。例如全日本航空從成田機場飛往華盛頓DC的航線、日本航空的羽田／舊金山航線，以及韓國大韓航空從首爾出發，經由成田飛往夏威夷的航線，這些航班的編號全都採用了「001」與「002」的數字。

日本航空的紐約航線

日本航空由成田出發至紐約的航線引進了波音777-300ER客機。

奇數航班與偶數航班

航空公司大多將班機編號分配為：向西飛行的班機設成奇數，往東飛行的班機則設為偶
數。

客機上其實設計了許多道的機門。以波音777-300型客機為例，左右機身各有5道門，全機一共有10道門。不過，即使機門數量有這麼多，但乘客上下飛機時卻還是只會使用左側前方的1、2道門。包括機場航廈延伸而出的空橋（Boarding Bridge），也一定都是裝在客機機體的左側機門。

這究竟是為什麼呢？其實線索就在於客機相關的各種稱呼。像是客機的機身被稱為「Ship」、機長叫做「Captain」、客艙稱為「Cabin」、客機空服員稱為「cabin crew」等。這些名稱都是來自於船舶的世界。而機場的英文單字——「Airport」，也正是空中港口之意！客機時至今日之所以都從左側出入，其實與船舶世界的古老習慣有關。

長久以來，船舶在運送人員與貨物這方面扮演了極為重要的角色，而將左側船身面向港口靠岸也是沿用已久的傳統習慣。因為船隻右側裝有船舵，所以從右側靠岸的話就會受到舵板干擾。後來，因為運送旅客的重要角色從大海移往天空，這個過程促使航空界在發展時採用了古老的船舶習慣作為範例。而沿襲自當時從左邊上下的習慣也持續至今日。

那麼，上下飛機以外的機門又有什麼用途呢？例如搬運飛機餐點與各種備品時，主要都是從飛機右側與後方的「業務用門」出入。另外，機門的另一個重要用途就是作為緊急出口。因為當飛機發生事故時，規定必須在90秒鐘內將所有乘客全數疏散，所以不論是哪種類型的飛機，都會因此目的而確實設置必要數目的機門。

空橋

在機場，一定都會將空橋裝設在飛機左側前方的機門。

 業務用門

各式各樣的特殊車輛正利用「業務用門」來為暫停在停機坪上的客機進行各項作業。

出發時刻到底是指哪個時間？

　　時間來到了上午11點，乘客的搭機狀況似乎都很順利，班機的出發準備也正在依序進行當中。時刻表顯示的班機出發時間為11點20分，還有整整20分鐘，我想飛機應該是會準時起飛的！想到這裡，旁邊座位的同行乘客臉上帶著憂慮的神情喃喃說道：「怎麼又無法準時起飛了？不覺得客機的飛航狀況都比火車之類來得更不準時嗎？」

　　不準時？他似乎把機場時刻表上所顯示的出發時間錯當是飛機的離地時間了。像我們搭乘的這架11點20分出發的班機，會在11點35分正式起飛。但所謂的「出發時間」，並不是飛機離開跑道往上升起的時間，而是指靜止中客機開始移動的時間才是正確的。

　　當停在停機坪上且面對機場航廈（Terminal）的客機要正式出發時，必須由曳引車將飛機向後推至機場跑道的滑行道上。在飛機機體周圍進行作業的維護人員，會在出發前5分鐘取下設置在客機上的安全裝置，同時確認機體後方並無障礙物，且機門已全部關住上鎖。接著開始進行滑出（Block out，取下飛機前起落架輪擋）作業，這時出發的準備就算全部完成了。嚴格說來，時刻表上所顯示的時間，其實指的是這個「滑出」作業的時間。

　　同樣地，飛機的到達時間也不是指客機降落在目的地機場的時間，而是指客機降落在跑道地面後，朝往機場航廈滑行，遵從地面引導員的指示停在停機坪的時間。

飛機的滑出作業

時刻表所顯示的出發時間，其實指的是卸除輪胎上輪擋（chock）並滑出停機坪的時間。

 班機準時出發

從機場航廈被曳引車推出，並按照預定時間出發。

041 為何去程與回程的飛行時間 會不一樣？

這主要是因為「西風帶（Westerlies）」的影響。因為赤道地區受太陽照射而不斷發熱，極區附近卻是嚴寒冰凍，所以會產生從低緯度吹往高緯度的風。這種因為受到地球自轉影響而看似偏向西邊的風就是所謂的「偏西風」。特別是在北緯30～35度之間高空所吹起的強風，被稱作是「噴射氣流」（Jet stream），夏季時速約為100公里左右，冬季時速有時甚至達到300～400公里。這對飛機的航運飛行多少都會造成影響。

平常放在座位椅背置物袋（Seat pocket）中的機內雜誌，裡頭都會刊載航班的飛行航線地圖。相較於雜誌地圖上所顯示的平日航線，當天的飛行卻選擇了大幅（約數百公里遠）偏往北邊的飛行航線。如果是定期航班，都會從定好的幾條航線中重新選擇設定，而每天的飛行航程，也都會仔細考慮風向與風速等氣象狀況後，再選擇可在最短時間內到達且效率良好的飛行航線。

舉例來說，若要從某個城市飛往遠在4300公里外的另一個城市，考慮採用平均時速860公里的飛行路線方案。若以上述條件單純計算，在無風狀態下以860公里的平均時速飛行4300公里的距離，飛行時間大概是5個小時。假設多繞了200公里，但該處卻吹著時速140公里的順風時，到底要選擇哪一條航線才是比較有利的？

即使選擇了多繞200公里而使飛行距離達到4500公里，但因為這條航線可加上順風而使飛行的平均時速到達1000公里，所以抵達目的地的飛行時間僅需4個半小時，比飛行最短距離的所需時間少了30分鐘。

噴射氣流

北緯30～35度的上空會刮起「噴射氣流」，冬季的時速甚至可達300～400公里。

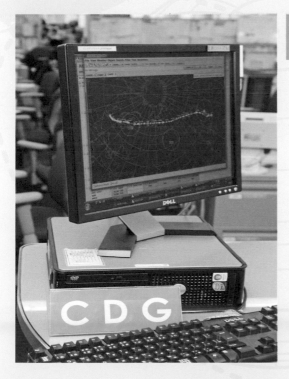

航線的選擇

每次飛行時，都會根據該次班機的狀況來選擇效率良好的航行路線。

飛機航線是由誰以何種方式決定的？

　　就像我們前面提到的，飛機前往目的地並非只能利用一條航線，有時還會根據當天的氣候與風向而選擇較北邊的航線，或是靠往南邊的航線。包括飛行高度，也必須參考氣象條件與其他客機的飛航狀況來選擇最適合的高度。除了這些飛行航線的選擇，還有為每架班機個別制定飛行計畫，希望飛航狀況效率良好且能夠安全飛行的人，就是所謂的「航務簽派員（Dispatcher）」。

　　在每天航班起飛前，都會以航務簽派員制定的飛行計畫為基礎，由簽派員與機長、副機長三人同時進行簡報。首先，航務簽派員會先針對事前制定完成的飛行計畫進行說明。相關內容會包括最新的天氣狀況、飛行航線上的雲層景象、飛機搖晃震動的預測、以及選擇特定飛行高度的原因等。在航務簽派員展示的計畫書當中，也會將飛至目的地為止的距離、飛行時間、搭載燃料量、燃料預測消耗用量、飛行航線上風速的狀況等所有數據，全數扼要顯示。

　　因為飛行計畫需要機長的最終認可及留下書面簽名才會生效，所以每個人在簡報時的眼神都是非常嚴肅認真的。即使負責的航班已經平安出發，航務簽派員的工作也並非到此全部結束。飛機起飛後，航務簽派員仍必須在地面上監督燃料的消耗狀況與飛行狀態，並利用無線電確認最新的氣象資訊與高空中的景象。一旦出現任何狀況，就會指示飛機要求更改航線。在飛行勤務結束前，航務簽派員都是時時刻刻無法鬆懈的，簡直可說是「地面上的駕駛」般的存在，而正因為地面上有如此縝密的計畫與後盾，客機才能夠達到安全飛航的目標。

飛行計畫

以航線上的詳細氣象條件等最新資料為基礎，製作出每天的飛行計畫。

 簡報

飛行駕駛們會一起針對航務簽派員製成的飛行計畫進行簡報會商。

043　起飛前的空服員位於機場何處？

　　我們在機上遇到的空服員們是何時到達公司？飛機出發前的時間又會待在機場的何處呢？應該很多人都很想知道吧！接下來，就讓我們一同造訪位於成田機場第一航廈南翼旁的全玻璃帷幕建築物——「ANA NARITA SKY CENTER」吧！

　　如果是國際線的話，空服員從到達公司至班機出發大約會有2個小時的時間。一開始是先到空服員櫃台確認當天的航務行程與分派到各自郵箱的個別聯絡事項。然後再到各樓層的數台電腦及設於中央的布告欄確認必要的資訊。

　　不過，對於空服員來說，什麼是最重要的工作呢？保持笑容接待客人？提供美味的酒品與餐點？不，都不是，他們被賦予的最重要任務其實是「守護乘客的安全」，也就是一種安全人員的角色。在集合同一班機所有機組人員進行簡報的會議中，空服員們會回到原本的安全人員角色，並利用列出乘坐機材（波音777等）座位配置圖的圖表來展開確認作業。至於檢查的項目，則是每個人在緊急時刻的所屬位置及必要行動等。這時，每個人都會一邊舉手、一邊確認自己的職責，之後再次觀看影片以牢記緊急逃脫時的程序。

　　接下來，再由團隊主管針對服務相關的變更處與注意事項加以說明，簡報到此就算是結束了。然後，每個人會在該樓層設置的等身大穿衣鏡前仔細確認服裝儀容，最後出發前往航務預定班機所停放的機場。

✈ 機組人員的據點

緊鄰著成田機場第一航廈的全日空「SKY CENTER」，也是空服員們的據點。

✈ 最終檢查

進行簡報時，每個小組都會針對緊急行動與服務注意要點等相關事情進行確認。

經常在機內聽到的「機門模式」是什麼？

　　客機的機門通常是從外側來進行操作的，而且負責機門開關工作的也是地面上的工作人員。雖然空服員們亦能從飛機內部自行打開機門，但只有遇到「緊急情況」才能從內側打開機門。

　　客機的每道機門內側其實都收納著緊急脫逃用的滑行裝置（Slide chute）。遇到緊急情況而從飛機內側打開機門時，滑行裝置就會自動充氣，變成一個由機門向下滑至地面或海面的裝置。從打開機門到滑行裝置自動設定完成的所有時間僅需10秒左右。因此，若是在機場乘客們上下飛機的平常狀態下啟動了這樣的裝置，那可真是一件很糟糕的事情。

　　因此，當客機降落在機場後，就必須要進行解除緊急逃生裝置的作業，也就是將機門模式（Door mode）變更為「解除位置（Disarmed position）」。大家乘坐班機降落在機場並移動到定點時，應該都聽過飛機上傳來「請空服員變更機門模式（Door mode）」的廣播吧？這個指令其實就是要求負責機門模式的空服員開始進行操作。

　　當該架班機準備好前往下一個目的地，且所有乘客也都登機完畢後，飛機裡頭又會再次傳來相同的「變更機門模式」的廣播。接著，空服員們就會進行與之前相反的作業，也就是將機門模式更改為緊急逃生裝置能夠自動運轉的「開啟位置（Armed position）」。

　　在每次班機出發前及抵達後，空服員們都會反覆親自進行這樣的作業。

滑行裝置

每道機門內側都收納著緊急逃脫用的滑行裝置。

 手動操作

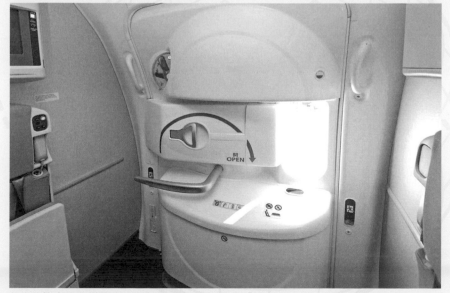

每次班機出發與到達時，都會由空服員人工操作「機門模式變更」的程序。

新加坡航空飛航的新加坡至美國紐澤西洲（New Jersey）紐華克機場（Newark International Airport）的班次，曾經是眾人熟知的世界最長航線（大約1萬5000公里）。若以空中巴士的四引擎飛機A340-500飛行，則需要持續飛行19個小時左右。不過，因為燃料消耗過多且不合經濟效益等問題，這條航線便於2013年11月正式停飛了。在2015年5月時，保持全世界最長航線紀錄的是澳洲航空（QFA，Qantas Airways）從雪梨飛往美國達拉斯沃斯堡機場（Dallas／Fort Worth International Airport）的1萬3800公里航線。這條航線是由全機雙層客艙設計的A380執行飛航任務。

那麼，在從日本出發的直飛航班中，哪一條是最長的航線呢？

答案是墨西哥國際航空（AMX，AeroMexico）由成田機場出發前往墨西哥市（Mexico City）的航線，飛行距離長達1萬1271公里。至於從日本出發的其他長距離航線，還有飛往紐約的1萬854公里、南部亞特蘭大（Atlanta）的1萬1024公里，以及歐洲義大利羅馬的9908公里、大洋洲紐西蘭奧克蘭的8806公里。即使和上述幾條航線互相比較，還是墨西哥航線距離最長。如果以波音787飛行這條航線，大約需要13個小時的飛行時間。

另外，從墨西哥市出發的回程班機因為經由蒙特雷（Monterrey），所以飛抵成田機場的時間長達18個小時。海拔超過2000公尺的墨西哥市空氣稀薄，引擎的燃燒效能不佳，無法得到與平地相同的動力。加上飛機在油箱全滿時較難起飛，所以飛機必須以重量較輕的狀態從墨西哥市出發，然後降落在海拔較低的蒙特雷再次補給燃油。不過，墨西哥國際航空已經下訂了續航距離較長的波音787-9客機，一旦引進機隊，應該就會開始針對回程採用直行班機的想法加以討論了。

1萬3800公里與1萬1271公里

雪梨／達拉斯航線約為1萬3800公里，從日本出發的墨西哥市航線則為1萬1271公里。

飛往墨西哥市

連結成田及墨西哥市的墨西哥國際航空的波音787客機。

濃霧中也能安心降落的祕密是什麼？

　　在日本天空玄關的成田機場周遭，特別是初秋的時節，非常容易出現起霧的情況。因為夜間溫度大幅下降，隔天清晨太陽開始升起後便會使氣溫急速升高，所以這一帶有時也會整個壟罩在濃霧之中。

　　不過，只要天氣不是極端惡劣，甚至導致視線完全看不到，否則對於客機的飛航狀況是不會有什麼影響的。因為成田機場及全世界的主要機場，都會裝設能讓飛機於濃霧之中安全降落的「ILS（Instrument Landing System，儀器降落系統）」。

　　「ILS」這種儀器降落系統會從機場附近的地面設施針對降落進場的客機發射定向性引導電波，然後將飛機安全指引至跑道。引導的電波是由航向台（Localizer）與下滑台（Glide Path）共同提供，航向台負責告知客機進場方向（水平位置），而下滑台則是顯示進場角度（垂直位置、高度）。藉由這些看不見的電波，就可從高空中的現有位置到跑道降落地點之間製造出一條「空中道路」，然後再正確引導客機沿著此條道路降落。

　　每座機場所裝設的「ILS」（精確度）性能都不太一樣。如果針對等級具體區別的話，可先分為「第一類儀器降落系統（CAT Ⅰ）」、「第二類儀器降落系統（CAT Ⅱ）」，然後依次升高為「第三A類儀器降落系統（CAT ⅢA）」「第三B類儀器降落系統（CAT ⅢB）」「第三C類儀器降落系統（CAT ⅢC）」。等級欄位中的數字愈大就表示精確度愈高，即使天候惡劣且能見度不佳，飛機仍然可能順利降落。

　　至於成田機場的儀器降落系統精確度，則是在2006年4月開始從之前的「第三A類儀器降落系統」提升至「第三B類儀器降落系統」。現在就算遇到濃霧壟罩，駕駛艙中能見度幾乎為零的狀況，客機還是能夠安心降落在機場上。

持續進化的ILS（儀器降落系統）

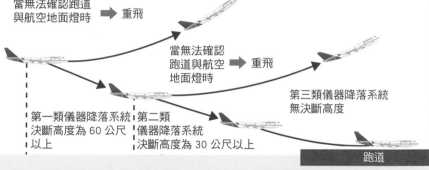

	決斷高度	跑道視程
第一類儀器降落系統	60 公尺以上	550 公尺以上
第二類儀器降落系統	30 公尺以上	350 公尺以上
第三 A 類儀器降落系統	無決斷高度	200 公尺以上
第三 B 類儀器降落系統	無決斷高度	50 公尺以上
第三 C 類儀器降落系統	無決斷高度	無跑道視程限制

ILS 的種類

當無法確認跑道與航空地面燈時 ➡ 重飛

當無法確認跑道與航空地面燈時 ➡ 重飛

第三類儀器降落系統無決斷高度

第一類儀器降落系統決斷高度為 60 公尺以上

第二類儀器降落系統決斷高度為 30 公尺以上

跑道

包括成田、中部、釧路、青森、廣島、熊木、新千歲等各機場都裝設了第三類儀器降落系統。

 透過電波傳送

藉由飛機右前方的ILS傳送電波，引導空中巴士A320在跑道上降落進場。

對於航空公司來說，「安全飛航」才是首要之務，而所有的維護工作人員正是此點的最重要基礎。如果他們沒有針對飛機能否安全飛行的狀態加以確認、簽名，客機就無法出發起飛。因此，每一次飛行時都需進行檢查與維修，而這樣的維護查驗就稱為「外勤維修（Line Maintenance，亦稱線上維修、航線維修）」。

當客機一抵達機場，維護人員們就會立即開始外觀檢查。在飛機出發前往下個目的地的這段時間內，一定會針對輪胎的磨損、煞車是否出現異常加熱情況，機體外觀以及引擎有無異常等項目進行仔細的維護與檢查。

外勤維修時常需要與時間奮戰。因為客機從抵達機場並再次出發的這段時間，通常只有國際航線的大約2小時，以及日本國內航線的45分鐘到1小時左右。因此，一般的外勤維修主要是確認機體的狀況，或是為飛機補充必要的油料補給。雖然最近的客機信賴度已經有所提升，也漸漸能夠確保充分的安全性，但如果發現客機必須進行修理的狀況時，還是要在極短的時間內採取適當處置。因為維修時間一旦過長的話，就會造成出發時間的延宕。

所以，最新的高科技飛機便裝設了「自我診斷裝置（Self-diagnostic system）」與「航空通信暨報告系統（ACARS）」。飛行中的客機會利用自我診斷裝置監測飛行中各個系統的狀態，甚至身處地面也能檢查這些訊息。至於在地面上一直待命的維護人員們，就能利用客機傳送來的資料而事先判斷出狀況的原因，進而提前準備好備用零件，並在有限的時間內迅速將問題處理完畢。

航線維修

從抵達至出發之間都在機場停機坪區域持續進行外勤維修，也可説是與時間持續奮戰。

 事前準備

以高空傳送過來的資訊作為基礎而展開準備程序的維護人員們。

藉由不同於大型航空公司的營運模式，廉價航空（LCC，Low Cost Carrier，亦稱為低成本航空公司）實現了驚人的低票價，目前在歐美等地極為盛行、大受歡迎，而首家廉價航空正是美國的西南航空（SWA，Southwest Airlines Inc.）。這種利用各種方式來削減飛航營運成本的商業模式擴及亞洲地區，包括日本也誕生了四家廉價航空公司。

將營運機隊鎖定單一機種是大多數廉價航空的特徵，因為這種方式能夠讓飛行員的運用效率更加良好。不論機票多麼便宜，若是在「安全面」造成乘客不安的感受，就無法得到消費者的支持。此外，在飛機的每日整理維護方面，還是必須花費一定的成本。因此，如果將飛航營運的機隊統一為單一機種，維護時就僅需準備一種飛機的零件現品即可，如此就可以排除多餘浪費的情況。

目前全世界最多家廉價航空採用的機型就是空中巴士A320與波音737。這兩種都是飛機市場的超級暢銷機種，包括被稱為廉價航空先驅的美國西南航空與春秋航空日本（SJO，Spring Airlines Japan）選擇了波音737，其他包括樂桃航空、香草航空（VNL，Vanilla Air）、捷星日本航空（JJP，Jetstar Japan）等三家日系廉航全都選擇了空中巴士A320。因為全世界的航空公司都大量運用空中巴士A320與波音737這兩款機型，所以新興的廉價航空即使因為資金不足而難以購入新款客機，還是能夠在中古飛機市場購入狀況良好的機體。

某家歐系廉價航空的人事相關人員曾經這麼跟我說過：

「因為市場上出現大量的波音737與空中巴士A320，所以很多駕駛也具有豐富經驗。就算是很難自費培育機師的廉價航空，僱用到擁有此兩種機型飛行經驗的駕駛還是很容易的。」

西南航空

西南航空是低成本航空公司的先驅，目前仍然僅以波音737客機來維持飛航營運。

日系廉價航空

香草航空與捷星日本航空都將飛航營運的機材統一為空中巴士A320客機。

這家航空公司就是以日本富士山靜岡機場為據點的富士夢幻航空。

該公司是以巴西航空工業公司的E170（76席座位數）及較E170機身較長一些的E175（84席座位數）兩種機型來飛航營運地區型航線。同時採用了每架飛機顏色各自不同的多彩機身塗裝，許多造訪機場的愛好者都會覺得「色彩繽紛鮮艷，賞心悅目」，所以受到大家的歡迎。

最初的四架飛機都是E170，顏色部分則是一號機為紅色、二號機為淺藍色、三號機為粉紅色、四號機為綠色。從五號機之後引進的都是E175，顏色部分則是再加入了五號機的橘色、六號機的紫色、七號機的黃色、八號機的綠茶色等四種顏色。每當最新機材抵達時，就會按照慣例在愛好者間舉辦「機身顏色預測活動」。2015年3月交機的第九架機身顏色預測活動則是募集到了5000件的投稿，但在發表九號機為金色的金屬漆色後，一定有許多人是大為吃驚的。

富士夢幻航空是在日本靜岡機場正式開幕的2009年展開活動的。營運初始是以靜岡機場為中心而連結小松、熊本、鹿兒島等城市，但在日航申請破產時富士夢幻航空得到了經營轉機。他們接手了日航撤離經營的靜岡飛新千歲及福岡等航線，另外還承接了原本僅有日航集團飛航的松本機場航線，以及日航集團中的J-AIR（JLJ）所飛航的縣營名古屋機場航線。在2015年5月時，仍然只有富士夢幻航空繼續經營縣營名古屋機場與松本機場出發的定期航班。

繽紛多彩的機身塗裝

在富士山靜岡機場並排的富士夢幻航空班機擁有繽紛多彩的機體塗裝。

金色塗裝

2015年3月到達的第9架飛機為E175，機身為金色的金屬漆塗裝。

已經能在飛機起降時使用數位相機了嗎？

050

　　每當為旅行雜誌等刊物撰寫飛行心得時，如果能同時刊載從機內窗戶拍攝的照片，就會讓頁面顯得更加富有變化。但因為飛機位處高空，所以拍到的照片大多只能看到雲層。雖然真的想要拍些剛起飛或是即將降落時的街景照片，可是包含數位相機在內的電子產品以往一直被禁止在起降時使用。

　　2014年9月1日，日本正式放寬了機內使用電子產品的限制，之前僅能在停駐機坪與巡航飛行時使用的數位相機已經確定解禁。這也是因為歐美地區實施電子產品使用限制放寬措施後，日本國土交通省航空局隨即於2014年3月展開相關人士會議，並針對此主題進行討論後得到的結果。至於解禁的內容，則是以波音777與787、空中巴士A320與A330等國內各家航空公司飛航營運的代表性機種為主，並進行飛機內外所發射信號電波是否會進入機身電力機械室等各種實驗後得到的結果。這個結果證明了目前營運飛航的客機對於電波幾乎都有耐受能力。

　　此次放寬使用限制的電子產品並不僅限於數位相機，包括手機、智慧手機電源在內，只要設定為機內模式，就能在飛機起飛降落時使用。乘客們從今以後就可以在飛機起飛上升時拍攝窗外景色，相信搭乘飛機的樂趣也會隨之倍增吧！到達目的地機場後，在飛機滑行至特定機門位置（Spot）這段時間，大家也可以將「現在飛機已經降落」的訊息傳送給接機的朋友，實在是非常方便啊！

飛行更加有趣

因為飛機內部電子產品的使用限制已經放寬,所以現在已經能夠在飛機起降時使用數位相機進行拍攝了。

 可從飛機窗戶拍攝魄力十足的風景照片

目前已能在起飛爬升中的飛機內部拍攝出如此魄力十足的風景照了。

051

要如何清洗客機？

　　幾乎每天都忙碌飛行於世界各地的客機也是需要好好停下腳步的。雖然大多數休息時間都是用來進行定期檢修與飛機維護，但有時也需要好好地「洗個澡」。這樣的龐然大物當然無法浸泡在浴缸裡頭，但對於飛航的安全性來說，清洗機體的確是一件不可或缺的重要作業。清洗飛機並非只是為了維持外表的美觀，定期洗淨作業除了可預防金屬零組件出現腐蝕狀況，更能提升燃料的消耗效率，進而有益於環境保護。

　　飛機的洗淨通常是由人員手工清洗。清洗次數會因為機種與航空公司而有所差異，但大概都是一個月1～2次左右。大型飛機如果由20個工作人員分頭進行的話，洗完一架飛機約需4～5個小時，是一項非常辛苦的工作。

　　日本航空曾經在成田機場的維修用停機坪（Apron）設立了一座全世界僅有的大型客機自動洗淨裝置。這是為了清洗巨無霸飛機──波音747而特別開發的鋼骨製機器，清洗裝置的尺寸大小為正面寬度約90公尺、高約26公尺、深約100公尺。近距離觀看時，感覺就像是巨大的格狀攀爬架（Jungle gym）。這是日本航空與川崎重工歷經十年且耗費二十億日圓所共同開發出來的。

　　這台機器正式運轉作業後，據說原本由20個人進行4～5個鐘頭的洗淨作業，只需由5個人及耗時100分鐘就能全部完成。16台有如生物般動作的機器人依序洗淨機體的場景實在精彩壯觀。這也是全世界擁有最多波音747客機而被稱為「巨無霸客機王國」的日航才會需要的機器。

　　在747客機除役之後，這座自動洗淨裝置現在也已被解體完畢，又一個成田名物就這樣靜靜地失去了蹤影。

20名工作人員亦需要4個小時

由20名工作人員進行大型飛機的人工清洗作業，需要4～5個小時。　　　©JAL

夢幻機器

曾設立在成田機場維修用停機坪的全世界唯一一座大型自動洗淨裝置。

　　對於飛機的安全飛航來說，被稱為航空管制員（Air Traffic Controller）的人們正是不可或缺的存在。來到機場，大家應該都能看到高處矗立著一棟鑲嵌玻璃的高塔與建築物，那就是所謂的「塔台（Control tower）」，對於機場功能來說，塔台也是非常重要的設施。航空管制官就是以這座塔台為舞台，而對客機提出起飛降落及地面滑行等必要指示，以控制客機的出入。

　　航空管制員擁有絕對的權限，飛機駕駛也不能違抗管制官的指示。航空法規定在未能得到航空管制員發出的「Cleared to land（降落許可）」前，即使客機已經飛抵機場上空也仍然無法隨意降落著陸在跑道上。此外，航空管制員的舞台也不限於機場而已。只要是飛過日本管制空域的所有客機，在離開起飛機場的管轄區域後，就要依照管制中心的雷達來進行統一管理。在日本，總共有札幌、東京、福岡、那霸等4個區域管制中心（ACC，Area Control Center），而東京區域管制中心（埼玉縣所澤市）的範圍則是涵蓋了東北至中國、四國及其附屬太平洋海域。從日本出發的航班及通過日本上空的客機全都要經由區域管制中心來進行管制。

　　在日本，航空管制員屬於公務人員，必須通過航空管制員錄用考試，錄取後就會成為國土交通省的職員，之後再進入航空保安大學接受為期一年的基礎研習。參與錄用考試時，必須測試相關業務必備的語言能力及記憶力，也是競爭率將近30倍的難關。雖然有年齡限制（21歲以上未滿30歲），但並無學歷要求，只是因為這種工作必須接受長時間的訓練，所以需要強大的精神控制能力。

機場的塔台

上方鑲嵌玻璃且特別高聳的建築物就是機場的塔台。

監看客機的狀況

監看機場內客機情況而發出「起飛」等許可的航空管制員。

3分鐘的飛行時間

連結沖繩本島與離島等區域的琉球空中通勤公司（RAC，Ryukyu Air Commuter）目前飛航的路線是「日本距離最短的定期航班」。在距離沖繩那霸市350公里的東邊太平洋海面上，有著南大東島與北大東島兩座島嶼，而這兩座距離12公里的島嶼就是藉由琉球空中通勤公司的龐巴迪小型螺旋槳飛機DHC-8-Q100來互相連結的。大家可能會認為12公里的距離應該乘坐船隻才會更有效率，但因為南大東島與北大東島兩者均被岩石所包圍，船隻無法在風勢強勁的日子停靠岸邊，所以才會有定期航班的誕生。

雖然時刻表上顯示的是「飛行時間為15分鐘」，但其實這是因為季節風向而必須繞遠路的時間。有時因為風向的關係，不少日子的航程時間都是更加短縮。之前搭乘這條航線時，也曾聽過空服員廣播說：

「——本日預定飛行時間為3分鐘。」

哎呀，真可說是吹個風就到了。

琉球區間航空的DHC-8-Q100客機垂直尾翼上繪有充滿沖繩風情的獅子像。

第4章

關於駕駛艙的為什麼

駕駛艙的窗戶是開著的？ 在高空盤旋時
的駕駛技巧為何？ 為何正、副機長的餐
點內容不一樣？ 打開駕駛艙門，看看航
空公司機師們不為人知的世界吧！

駕駛艙的窗戶是打開的？

我們有時在機場可以看到客機窗戶打開著，工作人員探出來擦拭玻璃的情景。不過，這麼寫的話，說不定有些讀者會很驚訝地問說：「咦？駕駛艙的窗戶是打開的嗎？」

為了確保飛行駕駛前方與兩側的視線區域，波音777等客機的駕駛艙總共裝設了6扇被稱為風擋（Windshield）的窗戶。2個駕駛座中面對著機長側（左邊座位）的窗戶稱為「L1 窗」，其餘則向左沿序為「L2」「L3」。同樣地，面對著副機長駕駛座（右邊座位）的窗戶也是向右側依序稱呼為「R1」「R2」「R3」。

在這6扇窗戶中，波音777與767、737等機種，都是將「L2」「R2」這2扇窗戶設計成能夠開關的型式。因為這2扇窗戶能夠以橫向滑動方式開啟，所以被稱為「滑動窗（Sliding window）」。

不過，最近的機種卻多半設計為不能打開窗戶。例如最新銳中型機的波音787，就是將傳統主流的6扇窗戶改為4扇，並藉由加大窗戶尺寸而減少支架，所以有些飛機駕駛也覺得「從旁邊到後面的視線範圍一口氣變寬了」。波音777的開關型窗戶同時也有當成飛行駕駛緊急逃生口的功能，但到了波音787之後，取而代之的是在駕駛艙上方裝設了乘坐人員用的緊急逃生艙口（Hatch）。另外，為了減少空氣動力的噪音，裝設在L1與R1這2扇窗戶的雨刷也會以沿著空氣流動的形式呈現垂直靜止的狀態。當然，窗戶本身事先已經填入了去除汙漬的清潔液。

滑動窗

打開波音777客機的L2窗戶，持續進行清潔作業的工作人員。

逃脫用艙口

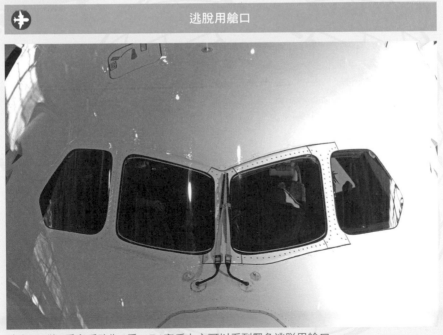

波音787將6扇窗戶改為4扇，R1窗戶上方可以看到緊急逃脫用艙口。

054 波音與空中巴士兩家飛機駕駛座的不同是什麼？

坐進駕駛艙後，最先發現兩家公司的較大不同就是操縱桿（Control wheel，亦稱操縱盤）的形狀。

操縱桿是一個改變客機方向的重要裝置，用來控制機首的俯仰（Pitch，上升與下降）、滾轉（Roll，朝往左右傾滾，橫向滑動）。雖然中文稱其為「操縱盤」，但其實操縱桿指的是「棒狀」的物體。波音公司客機一直持續採用的「操縱盤」才是主流。操縱盤與汽車方向盤形狀類似，設置在駕駛入座後的正面，可以藉由兩手進行「推」「拉」「轉」等操作而對機體的方向及角度進行控制。

相對於這種「方向盤形狀」的操縱盤，空中巴士公司從A320系列開始採用的是被稱為「側置操縱桿（Side-stick）」的棒狀操縱桿。裝設位置在駕駛的左右兩旁（機長座位的左邊、副機長座位的右邊）。與波音公司操縱盤的不同之處在於空中巴士將其設計為能夠單手操控。

不過，不論是哪家公司的產品，操縱桿始終只是一個將飛行員想法傳至電腦的輸入裝置，這表示機師無法直接使用人手轉動舵面，必須透過電腦的電子訊號來進行掌舵。兩家公司的不同之處在於空中巴士的小型操縱桿可讓駕駛座位清爽乾淨更有效率，波音公司思考的是傳統的操縱盤可讓駕駛在視覺上更容易理解。雖然以往曾有過「空巴以機械為優先」與「波音以人為優先」這樣的討論，但對於使用高科技的現代機種，兩家公司想法上的差異其實正在逐漸消失當中。

操縱盤

波音公司飛機的駕駛艙一直以來都是使用「操縱盤」來掌控飛行。

 側置操縱桿

空中巴士的飛機從A320系列開始就採用棒狀的「側置操縱桿」。

為何長距離航班會設定為「三人制機組」？

　　向正要飛往歐洲的副機長詢問：「今天的夥伴是誰？」他說出了兩位資深機長的名字。大型飛機有段時間曾經是機長、副機長，再加上飛航工程師（Flight engineer）一共三名駕駛的配置，但大概從波音747-400問世之後就改成了「兩人制機組」。不過，為什麼當時的設定是「三人制」呢？

　　飛機的駕駛工作是由機長與副機長負責執行的，但當時的歐美航線之類長距離飛行卻規定要以兩名機長及一名副機長總共三人的組合來輪替駕駛任務。如果是12個小時的飛行，坐在駕駛座的機長與副機長的飛航時間為總共24個小時，這24個小時就由三位機組人員分擔各8個小時，而三人飛行勤務的意思也不是指三個人一起駕駛飛機。

　　起飛後大約經過4個小時後，駕駛艙內也已經用餐完畢撤下了餐盤，作為輪替人員的另一位機長來到駕駛艙表示：「辛苦了，現在就進行替換。」機長說明交待事項後解開安全帶並讓出駕駛座，交替之後就暫時小憩一下。對於飛行員來說，飛行中的「小憩」當然也包含在「出勤時間」當中。為了準備好下一次的替換，就必須讓身心適當休息，重新充電。

　　至於波音777-300ER這款活躍於國際航線的主力機材，以及最新787客機的休息室，則是活用了機首部位的天花板內側空間。新款機組員休息室比起傳統機種也是更加寬闊舒適、讓人放鬆。

一位是替換人員

於成田機場正在進行出發準備作業的奧地利航空（AUA，Austrian Airlines AG）的波音
777-200ER客機。

機組員休息室

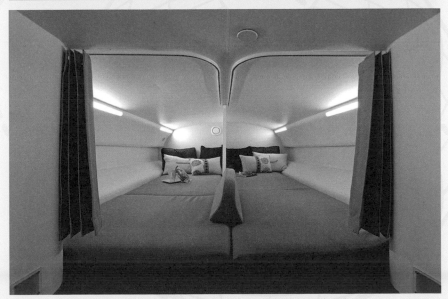

機首部位天花板內側的空間，隔出了舒適寬闊的787客機機組員休息室。

056 機師袖口上的「金線」有什麼意義？

　　當機長與副機長並肩站在一起時，應該有人會從外表判斷說「當然，年紀比較大的人就是機長」。但是真相未必如此。雖說想升上機長，的確需要有至少10年的副機長飛行經驗，但也不是任誰年齡增長後就能成為機長。擔任副機長且累積一定時間飛行駕駛經驗，之後取得國家資格（民航運輸員執照，Airline Transport Pilot Licence）並接受機長晉升訓練後，才能正式獲得機長資格。

　　若想要區分機長與副機長，大家可以看看他們穿著的制服。這些制服上有幾個國際通用的規定。其中一項就是縫在外套袖口與肩膀的金色線條。相對於副機長的3條金線，機長制服上則是會有4條閃閃發光的金色線條。

　　進入公司開始接受訓練時，身上是沒有任何金線的。等未來幾年歷經嚴格訓練與研習，並且獲得副機長資格後，就會先被授予3條金線。對於他們來說，這就是正式成為飛行員的最重要象徵。之後再加上去的那條金線，則是代表自己終於成為了飛行的「最高責任者」。

　　右圖所顯示的，就是以「飛行候補生」身分進入公司而一路從副機長晉升至機長的流程。當然，並不是當上機長之後就什麼事都沒有了。即使已經獲得機長資格，每年還是必須持續接受學習最新技術的「定期訓練」。另外，機師與空服員都要共同定期參與「共同緊急訓練」，希望利用仿照救生梯實物與泳池設施來學習緊急時刻的應變措施。

制服袖口展示的4條金線，正是身為
飛行「最高責任者」的證明。

 成為機長前的各個階段

訓練生 ➡ 副機長

機師訓練生
自航空大學或一般四年制大學
（研究所）畢業後進入公司、成
為訓練生。

基礎訓練
透過實機與飛行模擬器（Flight
simulator）的駕駛訓練、航線訓
練，希望晉升為副機長。

副機長晉升合格
規定的學科與實地測驗均為合格。
之後通過內部審查而確定合格，
即正式晉升副機長。

副機長 ➡ 機長

副機長機種訓練
為能擴充可駕駛機種而進行航空器駕駛訓
練，是以模擬器為主的訓練。

取得 ATPL 執照
取得副機長執照後，飛行至少六年且時數
達3000個小時之後就要接受民航運輸員執
照的測驗。
※ATPL：民航運輸員。

晉升機長
取得ATPL之後，執行至少兩年飛航任務，
且經過公司內部機長晉升審查及國土交通
省的機長認證審查的話，就能正式晉升為
機長。

機長機種轉換
正式晉升為機長後，仍必須進行飛行模擬
器訓練及實機飛行訓練，以取得能夠以其
他機種機長身分來執行飛航任務的資格。

飛行員的晉升、機種轉換訓練等流程（以某家日系航空公司為例）。

　　我們曾實際採訪航空公司的飛行駕駛，將其一整個月的勤務行程作為例子而整理成右頁的圖表。用來當作範例的是擁有國內航線至國際長距離航線駕駛資格的波音777機師。

　　日本國內航線通常一天飛2、3趟，除了從羽田機場出發再飛回羽田的同一航線來回航程外，有時也必須停留在札幌、福岡等目的地休息一晚。如果是首爾、上海、北京等近距離國際航線的航程，一天飛來回各1趟似乎是基本的。至於歐美等地的長距離航線，通常採用的是到達當天與隔天「暫留當地（Interval）」兩天的方式。以倫敦線為例，上午從成田出發後，約在當地時間的日暮時分到達倫敦，然後在兩天後的傍晚再度從倫敦出發，大概有整整兩天都是停留在當地。暫留當地的時間可按照個人喜好運用，像是悠閒地走走看看，或是與當地的朋友聚會。不過，有不少駕駛都表示：「為了因應回國的航班，所以花了不少時間進行健康管理。」

　　行程表上的「OFF」也是完全休息的日子，但有幾天標註的是「待命（Stand by）」的記號。這裡所謂的「待命（Stand by）」，是因為預定出勤的機師若是發生緊急狀況，作為輪替人員的駕駛就必須立刻接手飛航任務，所以一定要在規定的時間內留守家中或是待在機場附近待命。對於飛行駕駛來說，這也是相當重要的勤務之一。

　　每趟飛行都是由機長與副機長搭檔負責。至於組合的對象則並非次次相同，而是因應飛行的狀況而有所不同。在大型的航空公司裡，擁有波音777飛行資格的機長與副機長超過500人，所以要在駕駛艙中持續與同一人搭擋的情況可說是少之又少。

✈ 歐美航線為四天兩夜

1	週日	10：00～15：00 待命
2	週一	OFF
3	週二	08：20～10：20 羽田／福岡　11：50～14：00 福岡／千歲（留宿）
4	週三	07：30～09：10 千歲／羽田 10：35～13：30 羽田／沖繩（之後飛往熊本並留宿）
5	週四	09：45～11：20 熊本／羽田
6	週五	09：50～12：10L 成田／上海　13：15L～17：00 上海／成田
7	週六	OFF
8	週日	10：00～15：00 待命
9	週一	09：50～12：10L 成田／上海　13：15L～17：00 上海／成田
10	週二	OFF
11	週三	11：40～15：20L 成田／倫敦（留宿）
12	週四	一整天都停留在當地
13	週五	↓
14	週六	19：00L～15：55 倫敦／成田
15	週日	OFF
16	週一	↓
17	週二	↓
18	週三	10：00～15：00 待命
19	週四	16：00～17：10 羽田／伊丹　18：10～19：10 伊丹／羽田 20：30～22：00 羽田／千歲（留宿）
20	週五	14：30～16：10 千歲／羽田（移動） 17：10～18：45 羽田／松山　19：30～22：55 松山／羽田沖繩
21	週六	OFF
22	週日	16：20～18：50L 羽田／首爾　20：15L～22：15 首爾／羽田
23	週一	OFF
24	週二	↓
25	週三	13：00～15：00 模擬飛行訓練
26	週四	10：00～15：00 待命
27	週五	OFF
28	週六	11：00～07：35L 成田／芝加哥（留宿）
29	週日	留宿當地
30	週一	10：45L 從芝加哥出發
31	週二	15：00 到達成田

以波音777駕駛的一個月勤務行程為例（「L」為當地時間）。

機長與副機長在駕駛艙會進行什麼樣的對話？

　　至於客機的機長，當然是形形色色、各自不同的。像是最近採訪的某位年輕副機長就大嘆：「沉默寡言的前輩雖然讓人很費心，但愛說話的人也實在是令人疲倦啊！」聽到這裡雖然讓我啞然失笑，但駕駛艙中到底會展開什麼樣的會話內容呢？

　　比較讓人意外的是，不少人都是認為機長與副機長飛行時完全不會閒聊交談，只會在緊繃的氛圍裡集中精神並專注在駕駛工作上。當然，出發前與起飛時的確是如此的，聽得到的交談內容都是在核對檢查表項目、與管制單位之間通訊等，全部都是與客機飛航有所相關的內容。不過，當飛機進入水平飛行並切換為自動駕駛模式之後，駕駛艙裡的氣氛其實就會為之一變，改為被穩定輕鬆的感覺給包圍。

　　交談的話題包括彼此的興趣、停留目的地的活動安排、喜歡的食物與異性的類型等。不過，駕駛們也是必須多加留意的，因為駕駛艙中的所有對話，包括與地面塔台的無線通訊、噪音、背景聲音等，全都會被「飛航資料記錄器（CVR＝Cockpit Voice Recorder，座艙語音記錄器）給錄製下來。

　　也就是說，這與被人「竊聽」是完全一樣的。之前造訪某家日系航空公司的駕駛艙時，我曾詢問機長：「會不會介意？」機長回答說：「飛航記錄器嗎？不會啊，我是不會去注意的！你呢？」他向著一旁的副機長詢問了一下，而副機長也笑著點點頭說：「對啊，不會在意啊！」雖然所有的交談內容都會被記錄下來，但只有在發生意外的時候才會播出解讀，所以大家都很放心，總是高談闊論著一些日常瑣事。

✈ 穩定輕鬆的氣氛

高空中的駕駛艙在切換為自動駕駛模式後，就會被穩定輕鬆的氣氛給包圍。

✈ 飛航記錄器（黑盒子）

常被用來追查事故原因的飛航記錄器也會將機組員的對話給記錄下來。

　　根據日本國土交通省航空局的資料，目前日本的機師人數為5900人。雖然大家可能會認為5900名的飛行員已經十分充裕，但其實這個數字比起海外主要國家來說還是顯著過少的。連人口數大概只有日本一半的法國，合格機師人數也有將近1萬5000人左右，英國目前亦有1萬8000名的機師活躍在天空中。到了美國，合格機師則是一口氣上升到27萬人。預估到了西元2022年左右，日本國內所需機師會到達7000人左右。因此，目前大家已開始倡導早期對策的必要性了。

　　日本國內的各家航空公司是在1980年代後半的泡沫經濟時期招聘了大量的機師，但到了泡沫經濟崩壞的1990年代時，又轉為極度抑制僱用人數。從2008年雷曼兄弟破產引發金融海嘯後，任用人數又再度激減。結果，擁有機長資格的飛行駕駛便從四十世代的高峰一路朝著三十世代、二十世代逐步下降，年紀愈輕、人數愈少（請參考右頁的圖表）。目前認為到了2030年，現有最為活躍的四十世代機長們大量退休之後，機師不足的問題就會更加嚴重，而這就是所謂的「2030問題」。

　　隨著航空需求增加而造成機師不足的窘況，也已經成為了世界性的課題。在興盛於歐美地區且擴及亞洲的廉價航空公司之間，檯面下早已展開搶機師大戰。2014年春天，樂桃航空與香草航空等日本國內的廉價航空就因為機師數量補充不足，造成各家航空公司陸續出現航班被迫停飛的情況。

　　面對這樣的狀況，日本國土交通省航空局不但開始著手進行機師退休年齡的延長規定，另外也已經針對身體定期健康檢查基準進行修正。其他措施還包括了針對外籍機師的僱用便利化、推廣自衛隊員轉任民間企業等相關議題開始進行討論。

四十世代為人數最高峰

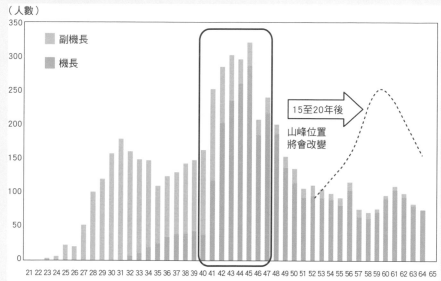

（人數）

■ 副機長
■ 機長

15至20年後
山峰位置
將會改變

21 22 23 24 25 26 27 28 29 30 31 32 33 34 35 36 37 38 39 40 41 42 43 44 45 46 47 48 49 50 51 52 53 54 55 56 57 58 59 60 61 62 63 64 65

（平成26年1月1日的現在）機師人數：5917人　　機長：3528人　　副機長：2389人　　（年齡）

日本國內航空公司的機長、副機長的年齡分布。　　（資料來源：日本國土交通省航空局《就勞實態調查》）

加緊早期對策的腳步

日本國內的廉價航空公司曾因未能即時補足機師人數而陷入航班停飛的窘況。

060

「飛行前檢修」是由誰負責的？

　　客機操作手冊（Aircraft operating manual）中規定，機師有義務在出發前進行飛機的外觀檢查（External inspection）。不管電腦的技術如何進步，最終檢查還是需要仰賴人的雙眼。就算遇到下雨或是降雪等惡劣天氣，起飛前都還是要再次目視檢查確認，這是一項絕對不能省略的作業。那麼，這項作業在實際現場是如何進行的呢？現在，就讓我們參觀一下波音777-300ER起飛前的外部檢查過程吧！

　　當機長指示副機長進行駕駛艙檢查之後，機長自己會留在停機坪區域朝機首部位移動。接著以順時針方向開始步行並逐項檢查。像是機身與主翼、尾翼等處是否出現任何損傷？引擎或是起落架有無異常？注意是否有漏油情況，包括機體金屬蒙皮的接縫處也都必須親自目視確認。

　　檢查時也會走到飛機左右主翼的正下方，並且停在巨大引擎附近。他們的視線正觀察著引擎前後的地面。「這是在確認修護人員是否遺落工具，或是地面有無置放任何異物。這些區域也都是要親自目視檢查。」機長繼續說明原因道：「這裡如果有小石頭滾落，就可能會在啟動引擎時被吸進前方的空氣吸入口，造成引擎組的毀損，而後方若放置了某些物體，則是會被排出氣流（Exhaust stream）給吹跑。」

　　波音777-300ER客機展開雙翼後的長度（總寬度）可達64.8公尺，機首至尾翼則是73.9公尺。這樣的機身要走路繞行一周也是很長的距離，所以所有檢查處理完畢大約需要20分鐘。

目的為守護安全

引擎下方的地面也要留意，仔細檢查是否有工具遺落於此，或是置放了某些異物。

 每次大約是20分鐘

進行波音777等大型機種的飛行前檢查時，僅僅繞行外圈一周就要將近20分鐘。

061

飛機起飛時的速度是多少？

　　當飛機開始滑行準備起飛，輪胎碾壓在路面上的顛簸震動也傳到了身體當中。隨著速度的增加，此時的操縱桿似乎要自行往前移動，這是因為受到升降舵作用氣流的影響。當前方景色開始快速往後方飛逝而去時，速度表顯示的數值也已到達了「V1」速度。

　　所謂的「V1」速度，指的就是「決定起飛速度（Decision speed）」。當飛機滑行速度超過V1之後，就無法中止起飛的動作了。

　　「這時的速度雖然會因為飛行條件的差異而有所不同，但V1的速度大概是在時速300～350公里左右吧！」

　　告訴我這段話的，是一位擁有波音777駕駛資格的機長。所謂的「飛行條件」，其實包含了飛機搭載的燃料加上全體乘客、機組人員的機體總重量，以及當日滑行跑道上的風速等。客機是以這些條件為基礎，然後在每一次飛行時經過縝密計算而取得所謂的「起飛速度」。

　　當超過V1速度後，若是察覺飛機發生某些故障，起飛時的規定是要判斷是否需先行起飛並在上空折返機場。接著，等速度一接近V1，從操縱桿的觸感與機體的震動情況都能讓他們的身體本能地感覺到「差不多飛起來了」。此時的飛行速度若是從V1再繼續加速的話，就會到達拉起機首的「VR」速度（Rotation speed，拉起機首速度）！隨著「拉起！」命令的複誦，機長會將操縱桿靜靜地往前推。就在這個瞬間，機鼻就會一口氣向上抬起，機長則慢慢拉回操縱桿以到達15度的俯仰（Pitch）。

　　這時，身體所感受到的震動會突然中斷，連機輪的轉動聲音也隨之消失，而這就是飛機離開地面的一瞬間。

✈ 利用「VR」拉起機首

一旦超過V1之後，飛機就無法停止起飛了。此時速度約為時速300～350公里左右。

✈ 從開始滑行到上升為止

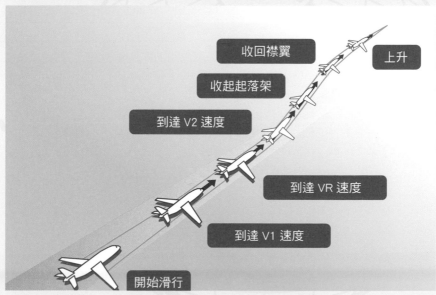

收回襟翼

上升

收起起落架

到達 V2 速度

到達 VR 速度

到達 V1 速度

開始滑行

V1為決定起飛速度，VR為拉起機首速度，V2則為安全起飛速度。

062

為何正、副機長的餐點內容不一樣？

飛機已經起飛1個小時，機艙裡展開了乘客們的用餐服務，語言難以形容的香氣也飄到了駕駛艙。當客艙的服務告一段落後，一位空服員出現在駕駛艙中詢問機師們的用餐意願。

「請問要用餐了嗎？」

「如何？」機長朝向一旁的副機長問道：「哪一種呢？先挑你喜歡的吧！」

「不用了，請機長您先選！」

「這樣啊，那我選日式的好了。」

這麼一來，副機長就一定要選西洋式的餐點了。其實飛機上規定機長與副機長不能進食相同內容餐點，一定要各自選擇不同種類的餐飲內容，理由如下。

一到夏季時節，我們常常可以在媒體上看到集體食物中毒的新聞。某些臨海的學校，甚至還傳出孩子們全數腹痛而病倒的消息。如果大家進餐的內容都一樣，就無法避免有時會出現的集體食物中毒風險了。

不過，飛行中的機長與副機長如果一起倒下的話，可就沒有人能夠接手駕駛飛機。所以，飛行時絕對要避免手握操縱桿的兩人同時因為食物中毒而病倒。當然，專業的空廚公司在製造飛機餐時也會希望能在安全衛生方面萬無一失，但為了在發生緊急情況時，即使有一個人身體出現不適，剩下的那個人還是可以繼續駕駛，所以飛機上才有著選擇不同餐點個別進餐的規定。

日式套餐的範例

從日本出發的航線，日式套餐通常非常受到歡迎（達美航空商務艙）。

西洋式套餐的範例

從數種肉類料理與魚類料理中選出的西式菜單（達美航空商務艙）。

063 什麼是以「123.45 兆赫」頻率進行的空中交流？

　　在客機的駕駛艙中，正以無線電進行著與地面及外部之間的通訊。使用的頻率並非只有一種，大致可分為與航空管制交談用的、公司內部通訊專用的，以及緊急時刻所使用的各種頻率。在這當中，分配給所有飛機駕駛一起使用的頻率就是「123.45兆赫（MHz）」。

　　藉由使用123.45兆赫，使得飛行員們能超越公司間的藩籬而在高空中熱烈交流。其中一個例子就像是「正通過某處區域，飛機出現搖晃現象，大家務必注意！」這樣的資訊交換。對於雷達隨時監看的雲層狀況，以及用眼睛目視也無法確認的亂流的存在等，全都是機師們不得不保持高度敏感的情報。這些來自飛行在附近的其他飛機駕駛的資訊，都會成為盡早點亮客艙安全帶指示燈（Seat belt sign）的珍貴訊息。

　　此外，當飛行中的機艙內部出現急症病人與受傷患者等情況時，123.45兆赫也會派上用場。

　　「這裡是○○航空的△△班機，請問貴機上有沒有醫生呢？」

　　在飛往美國本土的途中，某位機長對飛在附近的其他班機發出了這樣的呼叫。聽說當時飛機上有位乘客身體狀況不佳，接到無線電聯絡的機長便嘗試詢問機艙裡的乘客，結果剛好有位乘客具有醫生資格。據說機長以無線電仔細詢問對方乘客的症狀後，立即將資訊轉達給醫生，再將醫生指示的緊急處置轉達給了對方的駕駛。

超越公司的團結意識

機師們擁有超越公司與國境的團結意識，在高空中的交流也非常活潑熱烈。

安全帶指示燈

通過氣流惡劣的區域時，要盡早點亮「安全帶指示燈」。

141

飛機轉向時的駕駛技巧為何？

　　請大家觀察一下鳥兒的飛行姿態，應該可以發現牠們想要改變方向時，都會鼓起雙翼，並將身體傾往左右兩邊的某個方向，然後再劃出小小弧線後就會改變飛行方向。飛行中的客機改變方向時的動作也是如此。在日文中，飛機於高空中劃出圓弧而改變方向的動作被稱為「旋回」，但是這個動作在駕駛艙裡卻必須要做出幾個協調平衡的操作後才能順利達成。

　　進入駕駛艙後，就可以看到駕駛座腳邊的方向舵踏板（Ladder pedal）。這個踏板是用來讓飛機垂直尾翼上的方向舵產生動作的裝置。當踩上左側踏板時，方向舵就會向左（以飛機前進方向為準）傾斜，而客機的機首也跟著往左。相反地，如果將方向舵改為向右，機首也就會跟著向右。這裡的首要重點就是改變機身的方向。

　　不過，如果只是踩下方向舵踏板還不至於讓機身轉彎。即使藉由方向舵的操作來改變機首方向，還是需要花上好長一段時間才能讓整架機身完全改變方向。所以，這時便由裝設在主翼上的副翼扮演了輔助的角色。操作駕駛座前的操縱桿（Control wheel）時，副翼就會啟動。副翼是裝設在左右主翼後緣的動翼（Moving surface），其動作方向為往上與往下。飛機在飛行中壓下右主翼的副翼時，相反方向的左主翼的副翼也會跟著自動上升。這時，壓下副翼的右主翼就會增加升力，使得機翼向上抬起，而另一邊已抬高副翼的左主翼就會因為升力減少而被往下拉。這麼一來，飛機機身就會往左側傾斜，並以空中滑行的方式繼續移動。

操縱桿與方向舵踏板

要改變方向時，以腳邊的方向舵踏板操作方向舵，並藉由操縱桿來操作副翼。

 操作方向舵

只要踏下方向舵踏板，裝設在垂直尾翼上的方向舵就會動作。

　　如果要讓客機上升與下降，就必須調整「推力（客機前進的力量）」與「攻角（機身面對行進方向的角度）」。另外，也需要針對控制引擎出力的推力桿（Thrust lever）與位於水平尾翼且可讓機首上下擺動的升降舵進行操作。

　　當客機在高空巡航飛行時，只要提高引擎動力、加快速度，流經主翼上面的空氣也會變快且加大升力，飛行的高度也會隨之提升。如果希望不改變高度、僅提升飛行速度時，則是藉由操作操縱桿而使水平尾翼的升降舵朝下，或是縮減攻角的角度也可以（使機首朝下）。相反地，當只想提高爬升率（Rate-of-climb）而不想改變速度時，則是固定推力桿以維持引擎出力，然後讓升降舵朝上以加大攻角（機首向上）即可。

　　至於客機下降的相關操作，則與上升的方式完全相反。藉由減少引擎出力以降低速度，當升力變低後就可讓機體逐步下降。另外，我們也在本書的第74頁敘述過利用主翼擾流板以降低高度的方法。如果要保持一定高度但卻讓速度變慢時，則是以操縱盤來控制升降舵，必須讓機首稍稍往上。

　　在裝滿乘客與貨物的情況下，大型飛機的重量可達到300噸以上。雖然用文字來說明上升及下降的操縱方法是非常簡單的，但如果沒有相當的經驗與技術，根本就不可能以手動方式來操作這架龐然大物。在實際的飛行過程當中，只要設定自動油門（Autothrottle），或讓電腦自行調整各種動力即可。

操縱盤

使用操縱盤來上下移動機首，同時還要隨著速度的變化來維持因應的高度。

機首的上下

水平尾翼上的升降舵朝上的話，機首就會向上抬起。

什麼是「重飛」？

即使藉由ILS的電波引導進入機場，當視線不良而無法目視辨認跑道時，就必須修正動作而再次預備降落著陸。在飛行駕駛們的世界中，這個放棄著陸而改為再次爬升的動作就稱為「重飛（Go-around）」。

壓下襟翼並儘量降低速度，持續緩慢下降的機體，其引擎如果突然發出巨大聲響並開始再次上升的話，客艙裡就會傳出驚慌與不安的聲音問說：「怎麼了！發生什麼事情了！」不過，這個「重飛」的動作還是在駕駛艙的掌握之中，飛行駕駛們仍舊冷靜地執行著規定的操作。

「無法在決定高度（Decision height）順利辨認跑道時，就要立即中止進場降落的動作。將襟翼設為15度、加大引擎出力並將高度提升到2300英呎，因為之後要再次嘗試進場降落，所以請聯絡塔台，並且再次確認氣象預報的內容！」

當即將降落機場並開始進場通報時，機長向副機長下達了上述的指令。對於飛行駕駛們來說，這並不是什麼立即的緊急處理措施，只不過是按照事先交談的決定而執行的動作。他們平日就在實際訓練中反覆練習這些動作，例如「觸地重飛（Touch and go）」的訓練就是其中非常重要的一部分。

在飛機如同平常一樣降落到跑道後，襟翼從降落位置切換到起飛位置，並且加大引擎出力而再度加速起飛上升——這就是「觸地重飛」。機師們平常就不斷累積這樣的訓練，所以駕駛艙中毫無任何慌張不安的感覺。

✈ 意料之中的行動

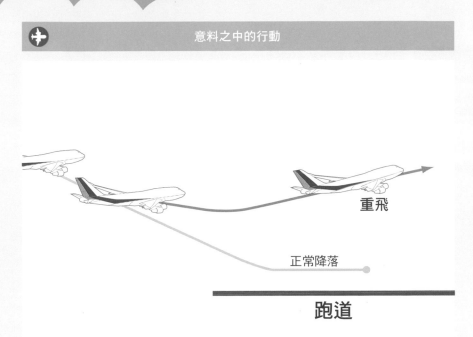

重飛

正常降落

跑道

當視線不佳且無法目視辨認跑道時，就必須實施再次降落的「重飛」等相關訓練。

✈ 平日的訓練

飛行駕駛平常就要反覆進行「觸地重飛」等相關訓練。

　　不必讓飛行員親自駕駛，客機即可自動操作至目的地的系統就叫做「自動駕駛（Autopilot）」。

　　所謂的「自動駕駛」，是統合了「APS（Automatic Program Control System，自動程序控制系統）」「INS（Inertial Navigational System，慣性導航系統）」「ATS（Auto Throttle System，自動油門系統）」「ILS（Instrument Landing System，儀器降落導航系統）」「ALS（Automatic Landing System，自動著陸系統）」等系統的功能，正式的名稱則為「AFCS（Automatic Flight Control System，自動飛行控制系統）」。近年來因為電腦科技發展快速，所以能夠採用自動駕駛的範圍也愈來愈大。

　　APS是藉由儀器來掌握飛機的飛行狀態。電腦本身會因應機體的傾斜等姿態來控制飛機，同時也與INS有所連動。是一個可將飛機從排定航線引導到達目的地的系統。如果事先設定好駕駛艙中的變速器，飛機為了維持一定的速度，就會自行推動推力桿來調整推力，這就是ATS的功能。ATS還有另一項功能是，只要一接近目的地的機場並下降到一定高度時，飛機就會為了要降低速度而自動減少推力。利用電腦來代為控制推力，即可讓飛機在必要時利用自動駕駛執行降落任務。

　　最後，支援自動著陸的則是ALS，從進入目的地機場至降落於跑道上這段期間的操作都可藉由此系統來執行。雖然最後階段的下降著陸必須依賴機師目視辨認及手動操作的情形仍然不變，但藉著搭載與APS、INS、ATS、ILS等系統有著緊密關聯的ALS，飛機的確已經實現了起飛至水平飛行、下降、著陸等等一連串動作的自動化了。

借助電腦技術的進化

自動駕駛是一種統合了「APS」「INS」「ATS」「ILS」「ALS」等眾多功能的系統。

 也能夠執行降落著陸的動作

最新機種已經連降落著陸的動作都能借助自動駕駛來執行了。

068 降落時啟動的「逆噴射」是什麼？

當客機以時速200～250公里的速度降落在地面後，就一定要在長度有限的跑道上確實停住。因此，客機上便裝設了三種煞車裝置。

其中之一就是連接著主翼的擾流板。當飛機降落著陸在跑道時，翼面所有的擾流板都會強勁立起。雖然擾流板是用來在高空中降低升力，但在地面上使用時，卻搖身一變成為了「空氣動力減速裝置（Air brake，又稱空氣煞車）」。與其說飛機是利用此裝置來加大空氣阻力，不如說完全消除升力才是本來的目的。

當機輪完全著地在跑道上之後，接著啟動的就是引擎的推力反向器（Thrust reversal）。此裝置可讓降落中且時速高達200公里以上的飛機機體瞬間減速。運作原理非常簡單，就是駕駛會在飛機降落時提高引擎的輸出動力，並且啟動推力反向器。如此一來就會讓可將排氣往前方或旁邊噴出的板子和門開始動作，進而使得在飛行中往後方噴出的排氣方向逆轉而達到煞車的功能。

因為噴射引擎原本是要往前推動客機，但現在卻變成了逆向噴射，所以產生的力量也是相當驚人的（反向推力約為正常推力3～5成左右）。不過，想要將速度降至某個程度的話，最後還是要啟動飛機的機輪煞車。就像我們在第72頁說明過的，客機的輪子並沒有動力，但就如同客機機輪名稱——「起落架（Landing gear）」所顯示的，其最大功能還是在於飛機的降落著地，所以也要確實具備煞車的功能。藉由擾流板、推力反向器以及機輪煞車這三種裝置同時發揮作用，客機就能夠在有限的範圍內確確實實地停下來。

推力反向器

啟動反向推力裝置，引擎排氣的氣流會逆向轉往前方與旁邊的方向。

煞車功能

雖然機輪沒有可以前進的動力，但為了要安全停下飛機，還是裝有煞車的設備。

全功能飛行模擬機的真實程度有多少？

　　將左右駕駛座位中間的推力桿往前推以提高引擎出力，飛機隨即開始滑行動作。不久之後，當飛機從V1速度（起飛決斷速度）到達VR速度（機首拉起速度）時，再將操縱桿緩緩拉回。此時會傳來機體鼻輪猛力抬起的感覺。目前已從羽田機場起飛，正一邊俯視著東京灣、一邊緩緩盤旋。不久，映入眼中的是彩虹大橋（註：Rainbow Bridge，連結東京港區芝浦與台場的吊橋，全長798公尺，於1993年落成完工。）與台場（註：位於日本東京灣內，是一座以填海造陸方式形成的巨大人工島。也是目前東京地區甚受國內外遊客喜愛的地點。）的熟悉景象。

　　這樣的飛行是坐在駕駛艙座位上體驗到的情景。當然不是實機，而是所謂的飛行模擬機（Flight simulator）所帶來的情景。

　　所謂的飛行模擬機，是將實機資料輸入模擬機用電腦，就能夠在地面上忠實重現飛機的各種動作。藉由操作操縱桿與推力桿而得到機體細部的反應，可讓訓練者體驗到與實機訓練相同的感覺。身體感受到的所有動作都非常真實，連傳送到駕駛座的震動及壓力也與實機幾乎相同。除了操縱桿與測量儀器外，就連機艙窗戶上所映照的電腦繪製3D影像也會有實際飛行時被當作記號的建築物，一切都宛如真實景象一般。

　　至於飛行航線的部分，也能夠依循每一次的訓練而詳細設定。當操作設定畫面時，亦能隨意選擇世界各地的主要機場與空域。因為飛行模擬機已事先輸入各種天氣的資料，所以也可藉由設定各種狀況來進行多種飛行訓練，像是前往各地機場進行夜間降落、或在惡劣天候下執行飛機進場（Approach）等。這種能夠重複進行的訓練，也是會伴隨危險出現的實機訓練根本無法比擬的，所以近年來有愈來愈多航空公司在空服員訓練課程中大量使用飛行模擬機進行練習。

訓練設施

各家航空公司都會在訓練設施中引進飛行模擬機。

搖晃與震動都很真實

有不少航空博物館都可以讓一般人實際體驗飛行模擬機。

金氏世界紀錄

為本書提供許多照片的航空攝影家——查理·古庄先生（チャーリィ・古庄）已被金氏世界紀錄（Guinness World Records）認證為「全世界搭乘最多航空公司的人」。

古庄先生獲得認證的時間是在2014年3月。之前的紀錄是由紐西蘭航空愛好者所保持的「108家」，但聽說古庄先生認為「自己搭過的家數應該比這個紀錄還多上許多」，所以決定備齊資料申請看看。

不過，即使自己實際搭乘過，但只要未能保存登載自己姓名的登機卡就無法得到認證。因近來有不少航空公司都已進行電子化，不再發行登機卡。考慮到這個情況的話，也許再也沒有人能夠打破古庄先生的紀錄（156家）。古庄先生還説：「如果將沒有被承認的公司計入，實際上我所搭乘過的航空公司已經早就超過200家了。」當然，他的紀錄現在還在持續更新當中。

因翱翔世界天空而獲得「金氏世界紀錄」認證的查理·古庄先生。

第5章

關於空中旅行的為什麼

人類的味覺在高度1萬公尺的上空會有所
改變？ 雲層之上也能使用Wi-Fi？ 可以
在窗戶看到的彩虹圈是什麼？ 徹底了解
在客艙中悠閒享受時突然出現的問題，
天空之旅也會變得愈來愈有樂趣！

「客艙的窗戶如果再大一點點就好了……」

每當航空公司為了有效提升服務品質而向客戶進行意見調查時，聽說常會看到這個建議。的確，如果窗戶能夠加大尺寸，欣賞地面景色也會更加清晰、更有樂趣吧！像在鐵路的世界裡，現在也已經出現加大窗戶的觀光用火車隨風馳騁。

不過，客機的窗戶是因為構造方面的問題才無法隨意加大的。客機是由許多梁柱構成機身部分，所以擋在中間而無法充分運用空間。另外，因客機蒙皮是由厚度僅有1～2公釐的鋁合金所製成，為了讓如此輕薄的材料能夠確保機體強度，所以便設計出利用堅固構架與桁條組合而成的「半單殼式結構（Semi monocoque construction）」。因此客機的窗戶就只能設置在沒有骨架擋住的區域，實在難以挪出空間來加大窗戶的尺寸。假設減少骨架的數量，就必須加厚飛機外側鈑金來維持機身的強度。這麼一來，整體機身的重量就會過重，進而導致飛機無法順利升空起飛。狹小的窗戶，其實正是客機的宿命。

不過，最近卻出現了顛覆這種常識的客機，開始翱翔在世界的天空中。那就是波音787客機與空中巴士A350XWB客機。

波音787的窗戶尺寸是原有客機的1.3倍，而空中巴士A350XWB也比同公司機型的窗戶都來得更大。之所以能夠實現這個目標，是因為這兩種客機在機身與主翼等占了機體重量一半以上的地方，都採碳纖維複合材料（請參考第54頁）。藉由這種質輕且高強度的碳纖維複合材料，才能製造出不易損壞的一整片巨大鈑金來構成飛機的機身，同時更減少了接縫的地方，進而成功加大了客機窗戶的尺寸。

半單殼式結構

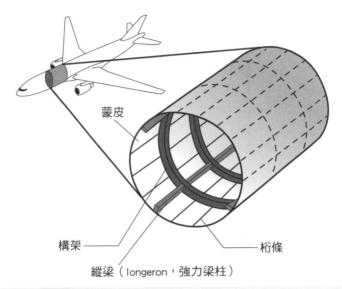

蒙皮

構架

縱梁（longeron，強力梁柱）

桁條

機體是以組合構架與桁條的「半單殼式結構」所設計而成。

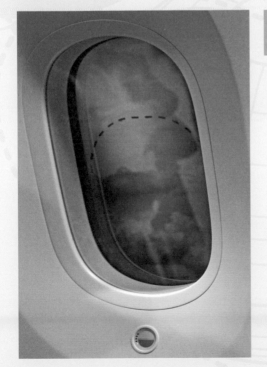

大型化的窗戶

相較於既有機種（虛線部分），波音787的客艙窗戶改採縱向延伸加大的設計。

071 客機座位的桌子是傾斜的？

當飛機從跑道上起飛並持續上升，不久後即移入水平飛行，接著機艙內就開始進行餐飲服務。所謂的水平飛行，是指機翼產生的升力（向上拉的力量）與機體產生的重力（向下拉的力量）維持著均衡的狀態。但就算客機在到達巡航高度而改為水平飛行後，此刻的機體角度嚴格說來也並非「0度」。

我們在本書的第148頁曾經介紹過駕駛艙的自動駕駛系統。駕駛們可以利用電腦計算出最適合當天情況的「經濟速度」，並將推力桿設定為自動控制。但推進動力（Propulsion power）一旦被降低，升力也會跟著變弱，所以若想保持在相同的飛行高度，就要將機首角度也設為自動調整。也就是說，巡航飛行中的機體，並不是處於完全的「水平」，而是要讓機首以2.5～3度左右略略抬高的姿勢持續飛行。

機體這時相對於行進方向的角度稱為「攻角」；而機首上下變換角度的操作則是稱為「機首俯仰控制（Pitch control）」這裡要順便說明的是，國際航線的客機在起飛上升時的攻角是15度，所以相較起來3度是非常小的，甚至有些人對於這種程度的傾斜幾乎完全沒有察覺。不過，感覺比較敏銳的人走在通道時，應該也能發現往機首的方向有如上坡，相反方向則有如下坡。

如果飛機傾斜3度，放在座位桌子上的飲料等不就很容易灑出來嗎？或許有些人會這麼擔心，不過這倒是沒有什麼問題的，因為不論是哪一家航空公司，在引進新款客機時，應該都會事先將座位的桌子設定為向下傾斜3度，大家可以安心搭乘！

攻角

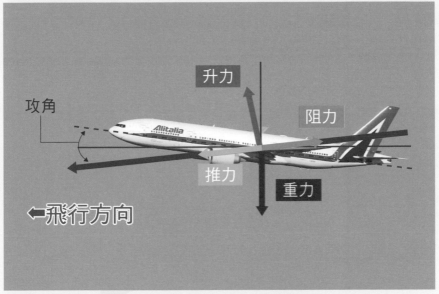

客機即使飛行在巡航高度，也會以機首略略抬高的姿勢持續飛行。

飲品不會灑落出來？

客艙座位的桌子在組裝時，也會預先往前下方傾斜3度左右。

072

飛機餐是在何處且如何烹調出來的？

在客機裡頭，有個如同餐廳廚房一般的區域，就是所謂的機上廚房（Galley）。小型飛機通常前後共有2座，大型飛機設置的數量可達5～7座左右。雖然說是「廚房」，但其實是無法如同真正的廚房那樣使用明火烹調食物的。

飛機餐是在名為「空廚公司（Catering）」的專業餐飲製造工廠裡製造出來的。在日本最多國際航線聚集的成田機場周邊，就有六家空廚公司設址於此。前去拜訪其中一家時，可以看到衛生管理極為嚴格的工作人員身著白色作業服，同時還會戴上帽子、口罩、手套，以人工作業方式進行飛機餐的製作調理。

肉、魚、蔬菜等各種食材都會在調理室裡預先分切為1人份，然後再以此種狀態送入巨大的營業用冷藏設備。不久後，另一邊的烹飪室會打開冷藏設備櫃門，開始使用鍋子或平底鍋來烹煮加熱食材。接著，完成烹調後的一道道餐點就會由負責盛裝的員工參考「盛盤樣本」而正確排放在容器當中。

在製造飛機餐的現場，最為忙碌的時間是在班機出發尖峰時段的2～3個小時之前。因為飛機餐是從出菜給乘客時最為美味的時間點反向推算烹調製作的，所以此時才是作業最為繁忙的時段。當飛機餐送上飛機且時間一到後，空服員就會把將餐點分層疊放的推車電源打開。這麼一來，托盤下方的加熱板就會通電，並且只讓主餐進行加熱。當餐點加熱完畢後，空服員就可以推著餐車，並同時帶著飲料與飛機餐送到一個個乘客面前了。

人工作業

飛機餐的製作並非交由機械作業處理，而是每一道餐點都是以人工方式仔細製作完成。

空廚公司

位於成田機場附近且隸屬於全日空集團的空廚公司「ANAC」。

073

味覺在高度1萬公尺的上空會有什麼變化？

近來，各家航空公司逐漸開始與著名餐廳及一流飯店合作開發飛機餐。讓乘客們能夠在1萬公尺的高空中享受著名主廚的「祕傳之味」。

引領這股趨勢的，就是以創意法國料理巨匠聞名的東京四谷「HOTEL DE MIKUNI」負責人暨主廚——三國清三先生。三國先生在2001年與當時的瑞士航空（現今的瑞士國際航空）簽約，開始在成田飛往蘇黎世（Zurich）班機的頭等艙和商務艙提供自己設計製作的飛機餐。自從「開店」以來，已經擄獲了許多乘客們的心，並且增加了許多粉絲。

這位三國先生曾經說過：「製作飛機餐其實真的非常困難。」因為人類的味覺在高度1萬公尺的上空會產生變化，所以使用的食材與調味方法也會與在地面時大不相同。

德國研究機構——夫朗和斐協會（註：Fraunhofer-Gesellschaft zur Förderung der angewandten Forschung e. V.，成立於西元1949年，以德國科學家約瑟夫・夫朗和斐命名，也是歐洲目前最大的非營利應用科學研究機構。）曾發表一份調查研究報告，內容指出「人類在高空中因受到氣壓、溼度、震動、照明等因素變化的影響，所以味蕾的感受程度會降低到只有地面上的1/3。」當氣壓降低時，味蕾細胞的功能也會變得遲鈍，很難嘗到甜與鹹等味道，此時的感受程度大概跟得到感冒差不多。另外，因為飛機內部非常乾燥，不僅會讓食物失去水分，也很難感受到傳送味道重要來源的「香味」。據說，飛行中的引擎聲響與震動也會對味蕾造成不小的影響。

以三國先生為首的眾多主廚們與各家航空公司共同合作，並在這樣的限制下持續進行持久挑戰。

主廚們的挑戰

三國清三主廚為瑞士國際航空所製作的飛機餐。

 食材的選擇

在空氣極為乾燥的飛機內部會讓食材脫水而失去溼潤度，所以選擇食材時必須多加用心。

074 大型航空公司與廉價航空的座椅排距有何不同？

　　我們在本書的第108頁已經提過，全世界的廉價航空公司大多選擇單通道型的空中巴士A320或是波音737來當作營運機材。A320與737兩者都是最為暢銷的機種，所以有不少大型航空公司的短距離航線也都會採用這兩種機型。不過，就算機體相同，但裡面還是幾乎完全不一樣的。經營航運的航空公司其實能夠自由設計機艙規劃。如果設置的座位數少一點，提供給每位乘客的空間也會更為舒適；如果座位數多一點，當然空間的規劃也會變得緊迫一些。

　　廉價航空選擇的當然是後者，這些航運機材的座椅排距比起大型航空公司會來得短些。因為每一次飛行若能運送更多乘客，就可以獲得更多的利潤。

　　那麼，廉價航空的座椅排距實際上又有多狹窄呢？這裡以三家日系廉價航空（樂桃航空、捷星日本航空、香草航空）使用的A320客艙設置為例，大家可以看到座位配置都是隔著中間通道的兩旁各有3個座位，每一橫列都是6個座位，而且全數座位都是經濟艙，並沒有區分等級，三家公司也都將座位數統一為180席。即使同為A320客機，大型航空公司多半是將客艙座位數規劃為160席左右，所以相較之下廉航多了1成以上的座位數。180席座位數樣式的A320客機，其平均座椅排距為73.66公分，比大型航空公司的平均數字（80公分）窄了大約7公分。另外，日本航空因應導入長距離國際航線機材而開發的「JAL SKY WIDER」座椅排距則為86公分，所以差距也就更大了。當然，廉價航空的愛好者們都能接受，也不在意，「因為廉航票價比大型航空公司來得便宜許多，所以這部分就要多忍耐了。」

✈ 180席樣式的A320客機

廉價航空（LCC）

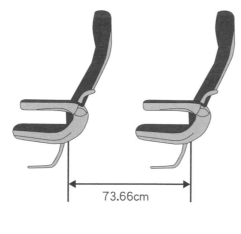

73.66cm

日本廉價航空營運飛航的180席樣式的A320客機，客艙的平均座椅排距為73.66公分。

✈ JAL SKY WIDER

日本航空（JAL）

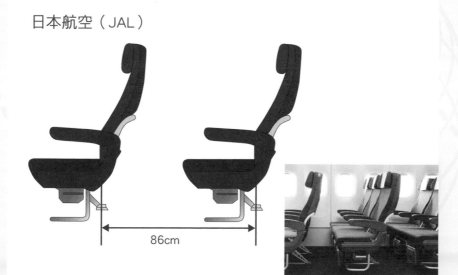

86cm

日本航空在長距離國際航線經濟艙引進的最新型座位「JAL SKY WIDER」。

　　某位認識的德國記者告訴我這件事情時，一開始還想說是不是我聽錯了，「真的有這種航空公司嗎？」可是實際搭乘之後，發現座位的椅背真的無法後傾！這家公司就是誕生於愛爾蘭（Ireland），正在歐洲持續擴大營運網絡的廉價航空公司──瑞安航空（RYR，Ryanair）。

　　我當時搭乘的是從法蘭克福近郊哈恩機場（Frankfurt-Hahn Airport）出發的班機。我跟隨幾位乘客進入了波音737-800客機的機艙。這家公司並沒有指定座位，除了另付附加費用以取得「優先搭乘」權利的人之外，其餘所有座位都是先到先坐的。進入機艙後，映入眼簾的是兩側隔著通道各有3席座椅，並以黃色作為色彩基調，非常繽紛多彩。因為瑞安航空將全機都訂為經濟艙，所以總共設置了189席的座位。

　　我立刻坐上位置試試看，果然跟朋友說的一樣。不論我怎麼找，甚至找遍了整個座位，還是沒有發現任何能夠傾倒椅背的桿子或是按鈕。看看周遭的乘客們，好像也只有我想要把椅背後傾。

　　「取消椅背後傾功能可以增加收益啊！」告訴我這段話的是某位值勤中的英國男性機組人員，「因為座位的故障常常是椅背的可動部分壞掉，所以若停在機場一個一個修理的話，就會造成班機延遲出發導致收益受到影響。」

　　對於廉價航空來說，縮短留在機場的地停時間（Turn around time）以提高機材稼動率是提高利潤的重要策略之一。所以除了椅背沒有後傾功能之外，甚至連一般設置在前方座位椅背的小桌子也會被拿掉。

瑞安航空

瑞安航空採取了極度降低成本的營運策略，並藉此擴大了飛行航線。

追求徹底地降低成本

撤除椅背的後傾功能是為了省下修理
的手續與費用，據說原因在於「座椅
的大多數故障都出現在椅背的可動部
分」。

為何飛機上升時會有金屬聲耳鳴及疼痛呢？

當客機開始起飛爬升後，有時我們會感到耳朵非常疼痛，其原因就在於氣壓的激烈變化。大氣壓力的強度在地面附近（高度為0公尺）為1大氣壓。隨著客機飛往愈高的地方則會逐步降低為0.9大氣壓、0.8大氣壓。在高度1萬公尺的高空中，大氣壓力甚至會降到地面的1/4的0.26大氣壓左右，人體對於這樣的氣壓變化其實是難以適應的。

事實上，我們的身體在地面上會承受著1大氣壓左右的力量，同時身體內側也會產生1大氣壓的力量將其反推回去，也就是身體的外側與內側呈現出剛好平衡的狀態。不過，雖然飛機內部的氣壓是藉由增壓來進行控制，但因為機體本身構造的緣故，終究無法到達1大氣壓。如果要將機內壓力調整為與地面相同的1大氣壓，就必須施予機身極大的力量，機身為了承受這種力量就會變得非常重，根本就不可能飛翔在天空之中。

以往的客機在高度1萬公尺的上空時，都是將機內氣壓保持在高度2400公尺左右時的數值（0.75大氣壓）。因此，當飛機逐漸起飛爬升而導致機內氣壓逐漸下降時，我們仍維持在1大氣壓的身體，就會有空氣想要從內側向外釋出，導致耳朵這種極為敏感的器官出現鼓膜震動而造成耳朵疼痛。

但還是有例外存在的。以新世代機姿態登場的波音787及空中巴士A350XWB兩種機型，就解決了這個棘手的問題。因為一半以上機體都設計為高強度碳纖維複合材料以取代既有的鋁合金，所以上述機種在巡航飛行時，機內氣壓就可以設定為高度1800公尺的程度。如果是高度1800公尺的話，幾乎與地面環境沒有什麼差別，使得所謂的舒適天空之旅得以實現。

氣壓下降導致鼓膜震動

機內氣壓會在起飛爬升時逐漸下降，身體內側的空氣就會想要向外逸出。

波音787客機的舒適環境

日本航空的波音787客機內部，能夠讓高空中的機內環境設定為與地面一致。

077 在雲層上也能使用Wi-Fi？

在飛機上開啟網路接續服務的航空公司愈來愈多。我自己曾在日航的歐美航線上使用過，更實際感受到身處高空所度過的時間和以往實在大大不同。

使用方法非常簡單。在座位桌子上打開自己帶來的筆電，開始搜尋無線區域網路的存取點（Wireless access point）。只要選擇「Japan Airlines」名稱的網路，就會完成接續的動作。然後一打開網路瀏覽器，就會自動連到「JAL SKY Wi-Fi」的頁面，準備好信用卡完成結帳後，電腦就能夠使用Wi-Fi了。雖然我用的是筆電，但手機與平板電腦的接續方法也是一樣的。

2012年7月開始，日航在長距離國際航線主力機材的波音777-300ER客機上啟動提供Wi-Fi接續的服務。目前也逐步引進到其他機種與日本國內航線當中。至於波音777-300ER的連網構造與機制，則是在各級客艙的天花板內側設置了5個Wi-Fi用的存取點。接續到區域網路的使用者電腦及智慧型手機就會透過天線連接到赤道上的衛星。在飛行中途，會切換2～3個衛星，再經由衛星與地面的基地台保持通訊，如此一來就能讓乘客使用網路了。

因為這是透過通訊衛星提供的服務，所以據說在特定飛行路線，以及某些氣象狀況下的一部分高緯度地區（例如美國阿拉斯加州與加拿大邊境地區）會出現網路不穩定的情況。但就我自己使用的經驗來說，並未出現網路斷線的情況，其他像是網頁瀏覽、與地面往來電子郵件、社群網站的打字等，都是非常快速順暢的。

在高空中收發電子郵件

將機艙內部轉變為「辦公室」的「JAL SKY Wi-Fi」服務，是從2012年7月開始提供的。

 與衛星進行通訊

飛機上方的突起物就是與衛星進行通訊的天線。藉由衛星與地面基地台互相通訊。

從窗戶看到的不可思議彩虹圈是什麼？

　　我曾在高空中看到飛機窗外有著正圓形的「彩虹圈」。雖然圓形的彩虹已是難得一見，但令人更為驚訝的是，這個圓圈裡頭映照著飛機的小小身影，並以與我們相同的速度持續移動。實在是神祕奇妙的景象啊！

　　或許很多時常搭乘飛機的人都曾經看過1、2次這個景象。但這個彩虹圈究竟是什麼東西呢？

　　其實這就是所謂的「布洛肯光現象（Brocken spectre）」。就像右圖所顯示的，當太陽照射在飛機上時，光線就會環繞機身並反射到相反方向，然後將影像投映在雲幕上。我自己也有好幾次經驗是以太陽為背景站立時，自己的身影會浮現在前方的雲霧之上，這也是身處山頂等地時經常可見的現象。周遭之所以會出現有顏色的光圈，正是光線因為空氣中水滴的影響而出現折射的情形。

　　如果詢問日系航空公司的空服員，就會聽到他們說日本國內航線的飛航任務常會在瀨戶內海（註：位處日本本州、四國，以及九州之間的海域。）上空一帶見到「彩虹圈」。在他們之間似乎也流傳著「看到彩虹圈的人會得到幸福！」的說法。

　　這裡要說明的是，必須是出現太陽方向的另一側座位才能看到這種「彩虹圈」，而且附帶的條件是飛機下方要有能夠作為螢幕的雲層。此外，因為雲幕上可以看到投映出來的飛機影子，所以當太陽位於正上方時就不會碰到這個情景。彩虹圈出現的最佳時間點是早晨與傍晚這類太陽傾偏的時段。下一次再搭機翱翔天際時，大家也不妨仔細找看看彩虹圈吧！

不可思議的光景

在高空才得以一見的不可思議光景。圓形彩虹圈當中的飛機影子會以相同速度移動。

 布洛肯光現象

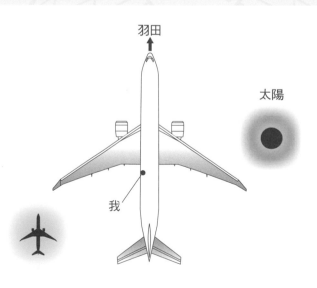

太陽光線從背後繞至機身另一側,然後投映在雲幕之上。

務必注意的「經濟艙症候群」？

　　如果長時間以同樣姿勢持續坐在座位上，足部未能保持活動，就會在雙腳內部的靜脈形成血栓（血塊）。這種血栓的恐怖之處在於走下飛機開始步行時，會有一部分隨著血液的流動而進入肺部，並且阻塞住肺部的血管，這種情況就是所謂的「肺動脈栓塞」。當初因有很多病例都是來自於經濟艙的旅客，所以才會被命名為「經濟艙症候群」而為人們所熟悉。

　　經濟艙症候群的正式名稱為「深層靜脈血栓症」，不只會出現在經濟艙，連較高級艙等的旅客也會因此症狀所苦。除了長距離巴士與長距離火車的乘客之外，包括卡車與計程車的駕駛也出現過這類病例報告。

　　要下飛機之際，常常看到有些人說「鞋子穿不太下去」，這種「足部浮腫」症狀的出現就是深層靜脈血栓症的徵兆。在空氣乾燥的機艙內長時間久坐不動，就很容易陷入缺乏水分與運動不足的狀態。所以當出現足部浮腫，或是疲勞、身體狀況不佳時，膝蓋內側就容易形成血栓，請大家務必要多加留意。這種經濟艙症候群的症狀會因為血栓阻塞位置不同而有所差異，最常見的病例就是前面提到的「肺動脈栓塞」，當血栓堵塞在肺部時，可能會造成呼吸困難且心肺功能停止的狀態，甚至也曾發生過因而喪失生命的病例。

　　如果要避免這種情況，大家搭機時就要注意常常補充水分，並且進行適度的運動。預防方法雖如右圖所示，但各家航空公司的網頁也會以圖解方式介紹坐在位置上也能進行的簡單足部運動方法。

原因與發病

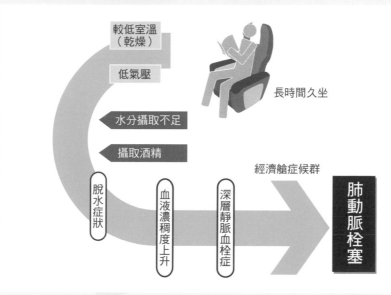

較低室溫
（乾燥）

低氣壓

長時間久坐

水分攝取不足

攝取酒精

經濟艙症候群

脫水症狀

血液濃稠度上升

深層靜脈血栓症

肺動脈栓塞

經濟艙症候群（深層靜脈血栓症）的原因與發病的過程。

補充水分並進行適度運動

水分
輕食

- 多多攝取水分。
- 適度攝取酒精類飲料。
- 即使坐在位置上也要活動手腳
- 常常離開座位進行輕緩運動
- 穿著寬鬆且具伸縮性的衣物
- 若有血栓病史，應在事前接受
  醫生診斷

咖啡
酒精

時常補充水分，並在機內進行適度運動，即可有效預防經濟艙症候群。

在飛機上也能淋浴？

　　如果搭乘阿聯酋航空一共下訂了140架（2015年5月的現在）的空中巴士全雙層A380客機頭等艙，就能夠在高達1萬公尺的上空沖個熱水澡而煥然一新。事實上，我自己也體驗過這項服務，所以就來報告一下詳細的內容吧！

　　據說是世界唯一的「機內淋浴SPA設施」，就設置在A380客機高級艙等所在的上層機艙（2樓座位）最前方。使用方法為預約制，負責的機組人員會在搭機時詢問每個乘客的意願，並接受以30分鐘為單位的預約申請，而我獲得的是進餐後時段的獨有私人空間。

　　「客人，您的時間到了。」

　　預約的時間一到，負責人員就走到座位旁邊通知我。淋浴間裡除了香皂、洗髮精等各種高級洗沐用品一應俱全之外，甚至還準備了吹風機。腳下踩的全都是地板暖氣，所以光腳走動也很舒適。因為飛機搭載的水量有限，所以每個人淋浴時的出水時間規定只有5分鐘，剩餘時間則可利用計時器確認使用。

　　「只有5分鐘的話，應該會手忙腳亂吧！」

　　使用前心裡雖然這麼想，但實際上時間是非常充裕的。

　　淋浴間亦配置了專責的空服員（CSA＝Shower Service Attendant），每位乘客只要一使用完畢，就會將浴袍、浴巾進行替換，所有的一切與服務都給人極為用心的感受。

　　沖個澡而煥然一新地回到座位之後，負責客艙服務的空服員就會出現並送上飲料與水果，真是無微不至且細心周到的服務啊！

超豪華的座位

阿聯酋航空A380客機頭等艙的「個人套房艙」座位也是極為豪華。

世界唯一的舒適設施

淋浴SPA間的使用為預約制，並以1個人30分鐘為單位提出申請。

081

搭乘小型螺旋槳飛機旅行的樂趣為何？

　　搭乘最新型的噴射客機前往海外當然很不錯，但偶爾在日本的區間航線乘坐小型螺旋槳飛機旅行也是很有樂趣的。只要去到地方鄉間，就能體驗只在該地區航運的稀有小型螺旋槳飛機。

　　這裡推薦給大家的其中一個選擇就是天草航空公司（AHX，AMAKUSA AIR）。天草航空是以僅有的1架小型螺旋槳飛機往來營運載客，每天以天草機場為據點飛行10個班次。首班飛機是在早晨8點從天草出發，來回福岡1次後就再飛往熊本。然後從熊本飛往大阪伊丹，下午3點後則以回程班機飛回天草。到這裡已飛了6個區間，此時就會進行空服員的輪替換班。之後再來回福岡2次，等到晚上19點35分回到天草後就完成了一天的飛行航務。

　　天草航空所使用的機材是龐巴迪的DHC-8-Q100。藍色的「親子海豚」塗裝非常受到乘客們的喜愛，所以乘客們從開放式停機坪（Open spot）爬上扶梯進入機艙之前，一定都會以DHC-8-Q100的機身為背景而拍張紀念照片。

　　DHC-8-Q100可飛行在2700公尺左右的較低高度，所以乘客們能夠一邊飛行、一邊在天空中享受眺望下方景色的樂趣。飛機內部設置的座位數僅有39席。放在座位後袋的機內雜誌甚至是由職員們手工自製。飛機裡頭洋溢著家庭式氛圍，當航班抵達天草機場後，該公司社長與董事甚至還會幫忙搬運行李與卸貨，實在太令人驚訝了！

　　自2000年開航以來，持續飛了15年的DHC-8即將停飛除役，2016年1月之後就會以ATR42-600飛機嶄新登場。ATR42是日本航空公司首次引進，而新款親子海豚號從天草起飛的日子實在讓人望眼欲穿啊！

親子海豚號

機身畫成海豚，引擎的位置更畫為小海豚的「親子海豚號」。

 視野良好！

座位數只有39席。因為飛行高度並不高，所以可以一邊飛行、一邊在上空享受眺望地面景色的樂趣。

082

羽田飛往關西的班機是左右哪一邊的座位能夠看到富士山？

應該有不少人在搭機時會認為「一定要選靠窗的座位！」。天氣晴朗時，坐在窗邊就能像欣賞地圖一般地飽覽下方小島、山脈，以及海岸線上突出的岬灣等等絕美風景。現在預約訂購機票時，也能夠參考座位圖指定自己希望的位子了。

如果是靠窗的座位，我會推薦主翼前面一點的位置。因為如果坐在飛機後方，有時會因為引擎排氣的緣故而無法清楚欣賞景色，而且主翼正上方的視野也會被擋住，所以喜歡靠窗座位的人要避開這個地方。若是主翼前方座位都已坐滿，則可以改為預約機身最後面的尾部區域。因為飛機最尾端的位子不太需要在意引擎的排氣，加上常常有空位，所以比較能夠享受到舒適的飛行旅程。

那麼，現在就回到標題的問題吧！羽田飛往關西的班機是哪一邊的座位能看到富士山？答案是飛機的「右側座位」。從羽田機場起飛後，首先是左手邊的伊豆半島（註：位於日本靜岡縣東部，面積為1430平方公里。），接著不久就會在右手邊看到富士山的山麓。如果是能夠欣賞到富士山風景的日子，機長常會在駕駛艙打開廣播來提醒大家。之後出現在右側窗戶的則是知多半島（註：位於日本愛知縣西部，名古屋以南。半島上多為丘陵地形。），另一邊的左側窗戶則是志摩半島（註：位於日本三重縣中部。）。

大家不妨多多欣賞季節嬗遞的不同風情。像是夏季的富士山極為宏偉壯麗，冬寒時節的白雪皚皚山頂更令人感動萬分。

此外，飛行航線可能會因為天候狀況而有所更動，所以要特別留意。回程會經過駿河灣上空（註：駿河灣位於日本靜岡縣伊豆半島旁，也是日本最深的海灣。），此時只能遠遠眺望富士山。因此，若想飽覽富士山的美麗風光，就務必搭乘從羽田出發的班機。

✈ 機窗看到的絕景導覽

展露不同四季風情的富士山，是飛機上能觀賞到的代表性絕美景色。

✈ 知多半島

從羽田飛往關西的班機，一過了富士山就能見到右邊的知多半島。

083

真有機師與技師都是女性的飛行航班？

　　3月3日是日本的「女兒節（註：雛祭り，日本女孩子的節日，又稱為人偶節。日本父母會在每年3月3日設置階梯狀陳列台，上面擺放被稱為雛人形的傳統和服娃娃，為家中女兒慶祝。）」。每年的這個時候，日航與全日空都會按照慣例推出機長、空服員等全由女性職員擔任的「女兒節航班」。在這個慶祝活動中，不僅是機組人員，包括值勤的修護人員與地勤人員、機場的旅客服務人員全都是女性。

　　在2015年迎接第7次慶祝活動時，日本航空選擇了以波音737-800飛航羽田至長崎的「JL1843」班機實施「女兒節航班」的慶祝活動。在這架班機擔任勤務的女性職員共有20名，包括空服員與地勤人員、修護人員都會在登機門前向乘客分發雛米果（雛あられ）與手寫小卡片。停機坪上貼有女兒節廣告的曳引車（Towing tractor）與行李貨櫃並排，迎接著乘客們的到來。

　　這個企劃從2009年開始延續至今，規模更是年年擴大，而且大家更能藉由此慶祝活動看到出入客機航運各現場的女性工作人員。搭載167位乘客的JL1843班機於上午10點10分由羽田機場出發，中午12點30分抵達長崎。

　　另一方面，全日空則是在2015年以羽田飛往伊丹的「NH33班機」作為「女兒節航班」。全日空執飛的機材為波音777-200客機，該年只有機長的工作是由男性職員負責，該航班載運乘客為233位，並在下午16點從羽田機場起飛離開。

　　要順便說明的是，日航從2009年開始也在5月5日男孩節（註：こいのぼり，源自於端午節的日本傳統節日。家家戶戶會在這天掛上鯉魚旗為家中男孩祈福慶祝。）實施「男孩節航班」，這天所有值勤的空服員亦全為男性。這架航班在年輕女性乘客與帶著小男孩的母親們之間似乎也是非常受到歡迎。

✈ 女兒節航班

日本航空在2009年3月3日展開「女兒節航班」的活動，並成為每年都會慶祝的慣例。

©JAL

✈ 男孩節航班

正在迎接5月5日「男孩節航班」乘客的日航男性工作人員們。

©JAL

084 從前日本曾有過穿著和服執勤飛行的空服員？

　　在國際化持續進展的1960年代至1970年代初這段時間，日本航空也成為日本文化溝通橋梁而展翼翱翔於世界各地，甚至該公司的空服員也曾以和服的姿態在飛機上提供「和式」服務。

　　雖說是和服，但這種客艙服務時的專用制服比較特殊，是一種上下分開的類型。因為要能在狹窄廁所中以5～10分鐘時間換裝完成，所以才會有這種特別的設計。包括和服腰帶也是能夠輕鬆換裝的單扣式，但後來還是因為「換裝太過麻煩」「緊急時刻無法順利行動」等理由而於1970年代半途失去蹤影。

　　「當時的『純和式』服務實在是很棒！」

　　到現在都還可以聽得到大家深深懷念舊日時光的聲音。

　　當然，穿著和服接待客人的服務現在已經看不到了，但這並不表示日航的「和式」服務精神已經消失。像是在飛機上炊煮生米而為旅客提供熱騰騰米飯之類的服務，也可說是一種「純和式」的嘗試。這項服務是從2005年12月的倫敦、紐約等航線的頭等艙開始的。目前，提供此項服務的航線也正持續擴大當中。而其他的服務同樣也加入了日本的「和式精神」，像是酒單中加入日本產紅酒，配菜用的起司也準備了日本國產品。機內提供的餐飲服務也是外國人很難模仿且日本人獨有的行事。像用餐時不會把餐具粗率地放到桌子上，而是以會帶來輕柔餘韻的手勢服務，這些全都是日本獨特的文化。

　　日本航空的空中之旅，到現在仍將古老美好年代的「和式款待」脈脈相傳下去。

日本航空的「和式款待」

日航的和服制服在1970年代中期就已停用，但至今仍有不少懷念的聲音。

剛剛炊煮好的米飯

在國際線航班提供由生米（產自新潟縣魚沼的越光米）炊煮而成的熱騰騰米飯。

085 寵物們的搭乘位置是在飛機何處？

　　想要與愛犬一同旅行！現在各大航空公司也開始為寵物愛好者們的願望提供適合的服務。

　　當然，飼主是無法攜同寵物一起進入客機機艙的。以日本國內的航空公司來說，寵物們乘坐的是貨物艙。雖說是貨物艙，但空調設備當然是一應俱全的，而且因為要安全運送重要的寵物，所以各家業者在規劃作業時，都會參考獸醫或是專家們的意見。

　　託運寵物並不需要事前預約，只要在出發當天將寵物裝入運輸籠（Crate，能夠手持移動的小籠子）並帶往機場櫃台即可，而航空公司也備有出租用的運輸籠。寵物們雖然與手持行李一起申辦手續，但出發時間的15～30分鐘前都可以妥善寄放在空調狀況良好的機場櫃台或是保管區域，所以大家可以安心。

　　之後，這些託運的寵物籠會由相關工作人員一一帶往貨物艙。然後寵物們整個飛行期間就會一直待在此處。不過，這點並無法斬釘截鐵地說「百分之百安全」。因為飛機引擎聲響與震動會對寵物們造成莫大壓力，而且有時還可能因為環境變化而出現發燒、中暑等現象。像是容易受到溫度、溼度、氣壓等變化影響的鬥牛犬、西施犬等短頭犬種，目前已有許多航空公司中止了託運的服務。

　　在歐美等地，也有航空公司允許主人將可放在座位腳邊空間的小型犬或貓隻直接帶上飛機。不過還是會限制每架航班只能攜帶1隻。或許是因為歐美地區的寵物文化相關歷史較為久遠，所以採用的方式也比日本來得更為進步吧！

與愛犬一同翱翔天際

現在已有許多航空公司回應了想與重要愛犬一同旅行的願望。

寵物用的運輸籠

在日本託運寵物無須事先預約，但出發當日要裝入寵物用的運輸籠，再一同帶到機場櫃台。

沒有愛的情人座

　　我想應該有許多人已經發現，用來表示客機座位的編號是沒有「I」這個字母的。通常擁有兩條通道的大型飛機——就像波音777客機的經濟艙座位配置就是從左側窗戶依序為ABC，中央列的座位為DEFG，隔著通道的右側窗戶座位依序為HJK。可是在HJK當中卻少了個「I」。

　　其原因就在於「I」很容易與數字的「1」混淆。舉例來說，如果座位是第21列的「I」，就會顯示為「21I」，乍看之下實在很難立即作出區分。

　　之前我曾見過有對新婚夫妻在機場看到自己的機票座位號碼後，非常失望地抱怨說：「哎呀，真討厭，我們怎麼沒有坐在一起啊！」因為他們兩人的座位號碼是「H」與「J」。結果，櫃檯的職員還對兩人特別仔細說明。要特別注意的是，如果不小心對著新婚夫妻說「因為沒有『I（愛）』，所以沒關係啦！」這類語詞的話，應該會收到客訴吧！

在顯示座位編號的字母中並沒有容易與「1」混淆的「I」。

第6章

關於機場的為什麼

每個搭乘飛機的人都一定會造訪的機場，
其實也深藏著許多不為人知的祕密。塗寫
在跑道上的數字是什麼意思？ 我們經常
聽到的「樞紐機場」又是什麼？ 全球使
用人數最多的機場在哪裡？ 現在，就讓我
們來回答所有機場相關的問題吧！

寫在跑道上的數字是什麼意思？

　　飛機離開機場航廈並緩緩朝滑行道前進，此時望向窗外，就會發現跑道末端上標著兩位數的數字和英文字母。以羽田機場為例，3條跑道上的兩端各自標記著「16L」「16R」「34L」「34R」等記號。

　　這些數字其實就是用來顯示每條跑道各自朝著哪個方位。就像是以順時鐘方向來標記正北360、正南180的方位，而正東則是090，正西為270。標示的數字是取自這種三位數的數字（角度）顯示的前兩個數字，所以右頁照片中的「34」跑道指的是340度的方向——也就是一條從飛機看出去由正北向西邊傾20度的跑道。至於數字旁邊加上的「L」與「R」，則是表示L為這兩條走向相同且並排跑道中的左側（left）跑道；R表示右側（right）的跑道。

　　在建造新機場時，一定要預先徹底調查機場周邊的風向。因為客機是機翼受風而產生升力，所以最好是從正面直接吹著逆風。此外，也必須針對該地區的平均風向與「春一番（註：初春所刮的強南風，表示春天即將來臨。）」等季節的特性取得縝密資料後，再以一整年時間觀察並朝著最常起風處建設跑道。

　　有時某些日子還會吹著不適合客機起飛降落的側風，所以大規模的國際機場多半都會一併設置能夠因應側風的跑道。像是羽田機場，也準備了B跑道來作為側風對策。相較於A跑道與C跑道都是由「34」朝往「16」的方向，B跑道則是由「22」朝著「04」方向延伸而去。至於為了再次國際化而於2010年秋天啟用的最新一條D跑道，則是與B跑道幾乎並行的「23／05」。

✈ 起飛降落都要迎風進行

「34」跑道是340度的方向——也就是依照正北方傾向西邊20度而建造的。

✈ 從空中鳥瞰羽田機場

羽田機場共有A、C跑道與側風時使用的B、D跑道等共4條跑道。

087 機場的三字母編號是如何分配的？

　　全世界目前大約有1萬座機場，而且各自都被分配到國際航空運輸協會（International Air Transport Association，簡稱IATA）所制定的三字母代碼（three letter code）。以日本國內的機場為例，成田機場就是「NRT」，羽田機場則為「HND」，關西國際機場則是「KIX」……。咦？NRT（Narita）與HND（Haneda）這兩個代碼應該都是從機場名稱的羅馬拼音而來，所以還可以理解，但關西（Kansai）國際機場為何是「KIX」呢？

　　據說1994年開幕啟用的關西國際機場本來是取「KANSAI INTERNATIONAL AIRPORT」的第一個字母而編為「KIA」，但因為「KIA」這個代碼當時已被巴布亞新幾內亞（Papua New Guinea）的克亞彼特市（Kaiapit）給使用，加上前兩碼若使用「K」與「I」，第三個字母就只剩下「I」與「X」。所以關西機場選擇了當中的「X」這個字母。此外，因美國洛杉磯國際機場（LAX）因為「LAX」代碼而為世界大眾所熟悉，所以發音時的清亮聲響也促使了關西機場採用了「KIX」這個代號。

　　不過，有不少機場的三字母編號實在讓人很難聯想到機場名稱。像是俄羅斯聖彼得堡普爾科沃機場（Pulkovo Airport）的「LED」，以及越南胡志明市新山國際機場（Tansonnhat International Airport）的「SGN」等編號均是如此。其實這2個編碼是來自於舊市名的「列寧格勒」與「西貢」。因為字母總共有26個，所以理論上三字母編號應該是26×26×26＝17576個組合，全世界現有機場約為1萬座，所以並不用擔心新機場的三字母編碼會出現不敷使用的情況，只是三字母要如何組合可是「先到先得」。另外，決定機場代碼時，應該要記得所有機場編號「都要儘量取容易理解的3個字母」。

三字母編碼

黏貼在託運行李上的標籤印有「HKG」，這是香港國際機場的三字母編碼。

 關西國際機場

因為「KIX」編碼名稱而為眾多旅行者們熟悉的關西國際機場。

088 大都市的機場都是「樞紐機場」嗎？

在與航空相關的新聞中，經常可以聽到「樞紐機場（Airline hub）」一詞的出現。雖然有些人會一臉很懂地說明：「這應該是指位於大城市的大型機場啦！」但遺憾的是這並非正確答案。就算事實上真的有許多樞紐機場都是設置在大都市，但不是每座大都市的機場都是樞紐機場。那麼，樞紐機場又是什麼概念的機場呢？就讓我們以右頁的圖表來試著說明吧！

假設有A到D共4個都市的機場。如果依照《型式一》的模式而將4個城市全數以直飛班機連結起來，就必須要有A與B、A與C、A與D、B與C、B與D、C與D等6條航線。接著，再以A機場為中心以《型式二》的航線互相連結時，又會有什麼情況呢？結果顯示位於中心點的A機場可直接飛往其餘3個機場，而B、C、D幾個機場之間則可經由A機場飛航往來。

在以A機場為「樞紐」中心位置的《型式二》中，所需要的航線數目只有全數均為直飛航班的《型式一》的一半，也就是3條航線就能連結4個城市。對於各家航空公司來說，這種方法最能配合使用者的需求而組合出適當的航班時刻表。

另外，再假設有家航空公司能夠一天飛行12個航班，藉此連結4個城市。如果全以直飛航班來連結4個機場的話，就只能6條航線各分配2個航班，也就是每天僅能來回1次。不過，若是以此樞紐機場為中心而展開各航線的飛行班機，3條航線則是一天能夠各飛4個航班，也就是飛航來回2次。若將2次來回航班分為上午班機及下午班機，對於使用者來說也能增加選擇的幅度，實在是非常方便。即使是區間機場飛往區間機場的情況，也只需在樞紐機場換機1次就能選擇適合時段飛往任何一個地點了。

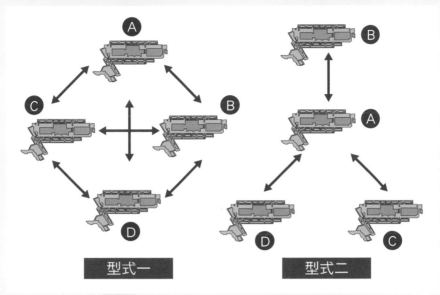

作為航線網絡的中心

樞紐機場的概念圖。《型式二》的A機場即具有樞紐的功能。

日本國內網絡的「要點」

具有連結地方及海外的國內航空公司主要樞紐功能的日本羽田機場。

089 全世界第一座「海上機場」位於何處？

　　世界上首座建造於海上的機場就是日本的「長崎機場」。西元1975年，利用浮在大村灣的島嶼以及在四周進行人工填土，建設完成了這座機場。據說，為了一睹客機從水平線彼端飛來並降落在海上漂浮小島的情景，機場啟用後連日出現許多小朋友和飛機愛好者蜂擁而至。

　　在海面上建造滑行跑道也大大受到航空公司駕駛們的熱烈歡迎，他們甚至表示：「因為機場周邊都是大海，沒有任何遮擋視線範圍的障礙物，所以起飛或降落都很容易。」最新的例子是2006年2月啟用的神戶機場，以及隔年3月啟用的新北九州機場，這二處都是建造在海面上的機場。

　　解決噪音問題也是另一個在海面上建設新機場的理由。如果機場蓋在海面上，客機一天24小時當中隨時都可以起飛降落，完全不會造成問題，而且周邊住宅區還能遠離客機的噪音。另外，若是全天都能使用滑行跑道，除了可增加從國外飛抵本地的班機數目，同時對於從日本出發前往海外的旅行當然也會更加方便。若是能讓貨機和客機在航班較少的夜間飛行，也就能夠期待巨大的經濟效益。

　　日本國土狹小，如果想選擇在大都市近郊建造新機場，原本就很難確保能夠尋得必要的土地，而這也是新機場之所以會蓋在海面上的原因。因此，日本選擇了以大型鋼鐵公司為中心進行人工島建設，同時及早針對將機場蓋在大型浮體建築（Mega-Float）上的技術積極進行開發。在海洋開發技術這一部分，日本的確比世界各國領先了極大的幅度。

機場的目標是大海

利用浮在大村灣的島嶼以及在四周進行人工填土後，於1975年建設完成的長崎機場。

大型浮體建築

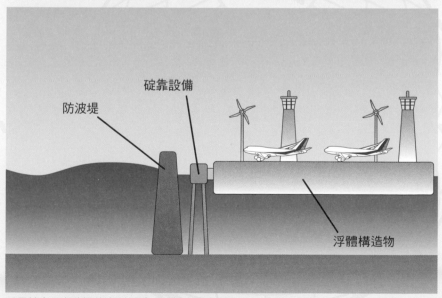

防波堤

碰靠設備

浮體構造物

活用於人工島建設的大型浮體建築技術是島國日本的「獨門絕技」。

090 什麼是隱藏在跑道的驚人「構造」？

　　位於大都市的機場平均幾分鐘就會進行1次客機的起飛與降落，跑道也因而隨時處於嚴酷的使用狀態之中，所以跑道的強度必須要能夠耐受這些巨大的負荷與壓力。

　　如果是一般的道路，都是在砂礫與沙土上鋪設僅僅數公分厚的柏油路面。但如果是機場的跑道，光是柏油的部分就必須厚達2～3公尺左右。建設機場時，會使用大型「壓路機」來回輾壓跑道上的柏油，並反覆進行這項強化作業以提高跑道強度，使其能夠耐受大型飛機的起飛降落。

　　這一條條的跑道其實隱藏著重要的「裝置」。試著站在跑道中央部位，腳邊放些彈珠，並以指尖輕推彈珠，接下來會發生什麼狀況呢？我們可以看到彈珠剛開始會朝向某一側方向緩緩移動，接著速度變快而加速轉動。彈珠轉落的地方會是跑道兩側的其中一邊，看起來就像是跌落坡道一樣。雖然遠遠看似平坦，但為了要在降雨時排水良好，所以跑道其實是作出一些坡度的。只要靠近跑道觀察橫切面的話，就可以發現跑道會從兩側朝往中心緩緩隆起。

　　另外，當雨天要進行降落時，飛機的滑行距離也會較平常更為長些，輪胎與路面之間會因為滲水而導致煞車效果變差。因此，為了避免跑道表面出現這種情況，就要加以特別處理。那就是將跑道表面鑿出有如橫紋圖案般的細溝，也就是被稱為「路面挖溝」的方法。當遇到降雨時，就能利用這些細溝而讓跑道上的積水順暢引流，飛機也就能安全降落了。

祕密的坡度

跑道其實隱藏著一些「構造」，像是從中心朝往兩側緩緩下降的坡度等。

 路面挖溝

為讓降雨時的跑道積水順利引流，所以跑道表面會鑿刻出一條條的細溝。

全世界使用人數最多的機場是哪一座？

　　全世界使用人數最多的是達美航空設為樞紐地的美國喬治亞州（State of Georgia）亞特蘭大國際機場（Hartsfield-Jackson Atlanta International Airport）。

　　看看2013年的實際成績，就可以發現該機場每日平均搭乘人數超過25萬人，且每年客運量為9500萬人。中國北京首都國際機場則以每年8370萬人居於次位，而英國倫敦的希斯洛機場（London Heathrow Airport）排名第三。日本的羽田機場是以每年6800萬人列於第四，接下來則是排名第五的美國芝加哥歐海爾國際機場（Chicago O'Hare International Airport）。

　　亞特蘭大國際機場每天起飛的班機為2600架次。這座全球最忙的機場，也是亞特蘭大市的活力象徵。甚至有個調查報告顯示，全美500大企業當中有450家都在亞特蘭大設點，甚至也有許多來自外國及日本的國際企業。機場在廣大機場用地裡設置了5座塔台，而以達美航空為首的各家航空公司飛機都是從這5條跑道中的3條依序起飛前往世界各地。這樣的場景在其他地方根本無法得見，實在是非常的壯觀。

　　成田機場目前每天也有達美航空飛往亞特蘭大的直飛班機，除了可從亞特蘭大前往美國各大城市之外，由此處飛往中南美洲及加勒比沿海各國的網絡也是極為綿密。因為亞特蘭大機場成為「美國十字路口」而持續不斷成長，所以從日本出發的旅客今後使用此座機場的機會也會愈來愈多吧！

　　雖說亞特蘭大國際機場的實際使用人數在2014年仍然獨占鰲頭，但排名第二的中國北京首都機場的成長也極為顯著。這是因為中國搭乘飛機旅行的人數正在急速增加當中，所以也有可能在2015年以後出現一、二名位置逆轉的情況。

每年使用人數為9500萬人

亞特蘭大國際機場共有5條跑道，其中3條可同時起降飛機。

 北京首都國際機場

旅客人數急速增加的北京首都國際機場，今後也有可能成為世界首位。

092 請告訴我們機場的各種「世界第一」？

　　首先是占地面積。全球最大的是沙烏地阿拉伯的法赫德國王國際機場（King Fahd International Airport）的780平方公里。廣闊程度可將東京23區（622平方公里）全數納入，甚至仍有剩餘空間。

　　至於世界最高的機場則是中國四川的稻城亞丁機場，其高度達到海拔4411公尺，甚至比日本的富士山（3776公尺）來得更高。西藏自治區目前仍在建設中的那曲達仁機場（Nagqu Dagring Airport）位於海拔4436公尺，一旦完成之後就會成為世界最高的機場。

　　獲得金氏世界紀錄認證為「全球最昂貴機場」的，則是香港耗費200億美金建造，並於1998年開幕的香港國際機場。順道一提的是，香港之前使用的啟德國際機場曾因「全球最難著陸機場」的稱號而名聞遐邇。當客機要降落在機場時，通常是從上空以小角度慢慢降低高度往下。不過，啟德機場因為無法確保直線方向土地的平坦程度，所以要以和跑道不同的角度降落。因此，在啟德機場降落前，必須在高樓林立的市區頭頂上掠過，所以一定要有急速轉向的技巧。

　　另外，如果說到全世界最難降落著地的機場，那一定就是尼泊爾的丹增希拉蕊機場（Tenzing-Hillary Airport）了。這座機場在飛行駕駛們之間也有「全球最危險機場」的稱號。丹增希拉蕊機場位於喜瑪拉雅山區邊境，跑道僅有527公尺，並且必須朝向障礙山壁進行降落，起飛又有如縱身躍向絕崖峭壁，簡直是一座賭上性命的機場。

　　至於擁有全球最高塔台的是泰國的蘇凡納布國際機場（Suvarnabhumi International Airport）。另外，位於德國的慕尼黑國際機場（Munich Airport）是全世界唯一擁有啤酒釀造廠的機場。

飛行駕駛也敬而遠之？

在飛行駕駛之間被稱為「世界最危險機場」的尼泊爾丹增希拉蕊機場。

 高度為132.2公尺

泰國的蘇凡納布國際機場塔台高度為
132.2公尺，位居世界第一。

簇擁著停駐機坪客機的特殊車輛功能為何？

　　客機被引導至航廈前的停機坪，並且停止了移動。這時聚集了許多平日不常看到的外形特殊車輛。彷彿就像是群聚而來並簇擁著和菓子的螞蟻。在這裡，我們就來介紹這些「特殊車輛」的任務與角色吧！

　　在飛機的機身部分，首先開始的是卸下堆疊於飛機之中的貨物與乘客託運行李的作業。以起重機裝備從貨艙卸下大型貨櫃與貨盤的是貨物裝載車（Cargo loader）的任務，而在機身後方作業的則是帶式裝載機（Belt loader），可藉由轉動寬幅橡膠製皮帶而將行李一個個下到地面。然後再將卸放於地面的貨物與行李裝上貨櫃拖車（Container track），接著載往機場航廈。

　　停在主翼下方進行加油作業的是「燃油加油車」，正拉著長長油管而連接著主翼上的油箱加油口。只要一拉開操作推桿，就會從延伸在地面下的管線快速吸起燃料。另外，供給電源的「地面電源車（GPU）」、提供清水的「供水車」、從機體水槽抽取污水的「污水處理車（Lavatory car）」、裝著飛機餐的「航餐車（Catering truck）」等各種車類也在同一時間開始進行作業。航餐車也被稱為「航餐裝卸車（Food Loader）」，有著能升高貨架的構造，可將飛機餐、飲料等食物運送至飛機當中。

　　等到所有準備一切就緒後，最後是「大力士」——曳引車的出場。這種車子會將前方伸出的牽引桿裝在機體前輪，當機長發出「後推」的指令後，機體就會被曳引車推著而朝向後方慢慢移動了起來。

花嘴鴨親子隊伍

將行李運送至機場航廈的「貨櫃拖車」看起來就像是花嘴鴨的親子隊伍。

 開放式停機坪

利用「登機扶梯車（Passenger step car）」的樓梯來連接停在開放式停機坪的飛機。

首先，我們先來看看託運給櫃檯的行李是以何種路線寄送至目的地。

當我們進行報到手續時，行李都會被貼上標有目的地三字母代碼的標籤。這張標籤以往是由相關人員目視後再將其依照目的地予以分類。像是「SIN」，就是要送往新加坡；「BCN」則是要到西班牙的巴塞隆納（Barcelona）等。在國際航班頻繁往來於全世界的現在，這種原始的方法根本就無法即時妥善處理，所以目前已逐漸開始採用過往難以比較的高科技系統進行行李管理。現在，貼在行李上的條碼（Barcode）標籤都是由機器來進行判讀，然後由電腦處理。當行李通過輸送帶後，就會依據「航空公司」「班機名稱」「目的地」等條碼上的資訊而將其運送至指定班機的貨櫃上。

不過，即使採取這些措施還是無法杜絕行李遺失的情況。原因之一就是行李的突起物。當行李在輸送帶上陸續高速運送之際，突起物會導致行李被絆住而從輸送帶上掉落的情形。如果工作人員沒有發現的話，就會在行李未能送上飛機的情況下直接出發了。另外，行李箱外側若是綁著一圈圈的布帶，也常會在經過輸送帶時被卡住，所以航空公司不太推薦這樣的行李包裝方式。此外，在即將截止登機之際才匆匆忙忙進行報到手續的話，應該也是常見的裝貨漏失的原因。若是不得已必須較遲抵達機場的話，最好還是將行李事先整理減量，直接以手提行李帶上飛機的方式進行報到手續會比較安全。另外，那些持續貼在行李上的舊標籤紙，也是造成轉機時裝錯行李的原因，所以一旦抵達目的地就要記得拿掉標籤。

用標籤紙表示目的地

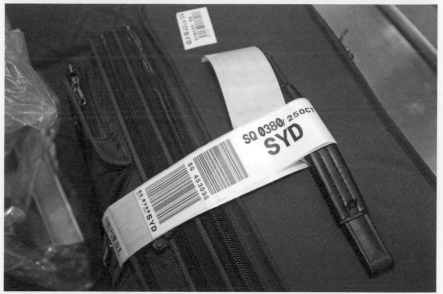

在櫃台託運的行李會貼上標有目的地三文字編碼的標籤紙。

 手持行李的管理後台

輸送帶上的行李會藉由條碼資訊而送到目的航班的行李貨櫃。

095　機翼上的積雪覆冰是如何融化的？

　　對於客機的飛行來說，雪是非常棘手的東西。特別是附著在主翼上的雪與冰，甚至還會大幅降低客機的起飛性能。原本藉由機翼上方流動空氣所產生的升力，也會因為覆冰而造成翼面形狀改變，導致無法產生升力起飛。美國太空總署亦曾提出實驗結果表示，「機翼上只要附著0.8公釐厚度的冰層，就會造成起飛時損失8％的升力」。

　　那麼，堆積在主翼上的積雪與覆冰又要如何融化去除呢？或許有人會想得很簡單，「如果將飛機引擎全開且開始滑動，主翼的積雪不是就可以被吹跑了嗎？」但停在機坪的機體在強烈冷風吹襲下，表面溫度也是驚人的低溫，已經冷透的機體只會更容易積雪結冰，而凍結機翼表面的積冰即使受到冷風吹襲也還是無法掉落去除。所以，如果在此種情況下進行起飛動作的話，實在是非常危險的一件事。

　　此時出動的特別車輛，就是在降雪地區機場會與除雪車同時在旁待命的「機體用除雪車（De-icing car）」了。就如同它的名稱所顯示的，這是一輛將除冰液潑灑於結凍機體表面上而融開積雪與冰塊的作業車輛。車輛的本體部分約可搭載4000公升左右的除冰液，而這些分量大約能夠進行10架飛機的除冰作業。進行除冰作業時，大型客機約需2台除雪車；小型飛機則需1台來處理。另外，這種特殊車輛可依據客機體型大小來調整操作席高度，而從車上伸出的細長桿臂也能夠自由伸縮。開始作業後，除雪車會從機鼻前端朝往機體噴出大量除冰液。過去前往札幌新千歲機場採訪時，就曾見過10台左右的機體用除雪車在一旁等待執行勤務。

✈ 北國的機場

隆冬季節的札幌新千歲機場有多台機體用除雪車在一旁等待出場執行勤務。

✈ 機體用除雪車

正從機鼻前端開始向機體大量噴出除冰液的機體用除雪車。

大家憧憬的「地面引導員」已經消失？

　　降落在跑道上的客機緩下了速度，慢慢朝往機場航廈移動。引導人員傳送著信號，讓飛機前輪順著劃在地面的引導線準確前進，不久後便到達指定位置而靜止下來。這是我們在機場經常見到的熟悉場景。

　　執行引導工作的，就是機場地勤工作人員中的地面引導員（Marshaller）。在數種地勤人員的工作當中，地面引導員也算是明星職種之一。只要看到他們手持信號板，巧妙熟練地將客機引導至停機坪，就能夠理解這項工作的確需要特殊技能。

　　「至少要經過半年以上的時間，才能夠一個人單獨執行工作。」

　　之前某位採訪過的年輕地面引導員這麼說道。提到機場，雖然很容易認為這是男性獨領風騷的職場，但近年來也開始有女性在此進出工作。現在，各地機場也都能見到許多女性地面引導員以此為舞台而展現活躍的身影。

　　不過，最近我倒是發現了大都市機場的「異狀」，那就是看不到地面引導員了。以成田機場來說，從2000年開始便於第一航廈啟用「目視停靠導引系統（VDGS，Visual Docking Guidance System）」，這種系統是以紅外線雷射進行測定，並引導客機就定位，而第二航廈也於2005年引進相同系統。當飛機到站降落後，VDGS的LED屏幕會以現在位置與停機位之間的距離為基準拉出直線，飛機前輪只要沿著地面這條指引直線精準前進，就能到達既定的停機位置，並安靜地停下飛機。看到這裡，雖然對於最新現代科技活躍於機場的場景極為讚嘆，但一想到再也無法看到手裡揮動信號板的地面引導員展現「職人技能」，還是稍感寂寞啊！

✈ 明星職業

引導飛機前進的地面引導員。高舉兩手發出「開始引導至停機坪」的信號。

✈ 從職人技藝轉為高科技

使用紅外線雷射來引導客機的「VDGS」系統在成田等大型機場非常活躍。

通過機場海關後，到進入目的地國家機場完成通關手續前的區域，在稅法上並不隸屬於任何國家。也就是所謂的「視同外國」。在外國，外國人消費酒類與菸品時並不需要課徵「酒稅」與「菸稅」。另外，從國外進口的高級名牌商品也因尚未進口到日本國內，所以同樣無需課徵「關稅」。因此，免稅店就是以購入此類商品並攜出國外為條件，才能在店內以沒有課稅的便宜價格購物。

世界各國的國際機場都會在通過出國海關手續並前往搭乘機門的地方裡設立大型購物區域。現在也有許多掛有「DUTY FREE」與「TAX FREE」招牌、且陳列價格未含稅金商品的免稅商店陸續開設。對於目前的許多旅客來說，只在此區塊進行特別購物也已成為海外旅行的重要選項之一。搭乘國際線航班時，飛行途中也會在機上銷售免稅商品，大家也可以將其視為免稅商店的一種。

如果是免稅的商品，當然無法配送到日本國內的地址。因為配送進入日本後就要課徵稅金。不過，也有相關規定是說海外旅客「只要被認定是個人使用時，一定範圍內的商品仍然可以免稅」。至於免稅範圍的上限，則是香菸200支（紙捲）、酒類（每瓶760毫升左右）3瓶、香水2盎司（1盎司約為28毫升）。其他品項則是以國外市價合計後金額仍在20萬日圓以內的話，就可以免除稅金。

成田5番街

位於成田機場第二航廈出境區的免稅名牌購物中心「成田5番街」。

羽田機場國際線航廈

羽田機場完成後的嶄新國際線航廈裡也開設了大型免稅店。

在機場，用來表示特定區域或是空間的專有名詞會有好幾個。經常可以聽到的就是表示客機停機區域的「Apron」這個名詞。雖然此名稱的由來眾說紛紜，但一般都是認為Apron（註：Apron原意即為圍裙。）的說法是因從正上方鳥瞰機場的形狀而來。因為長長的跑道像是繫掛在腰間的帶子，四角形的停機區域有如圍裙前面垂掛的部分。

根據「Apron」的用途，可細分為「旅客用停機坪」「貨物用停機坪」「維修用停機坪」等三大種類，但將三種停機坪概括稱呼的，則是「Ramp」這個名詞。

在這三種停機坪中，我們平常會使用的是旅客用停機坪。旅客用停機坪是讓乘客與機組人員上下飛機的區域，現在許多主要機場都會讓客機緊鄰著機場航廈，然後使用空橋（Boarding bridge）連接而從航廈大樓直接上下飛機。

至於貨物用停機坪，多設在距離航廈稍遠處的貨運站（Freight Terminal）前方寬闊區域。和乘客用停機坪不同的是，這裡雖然不使用空橋，但某些機場有時會在出發班機繁多的尖峰時段使用登機梯，讓客運航班從貨物用停機坪直接出發。

最後一個就是維修用停機坪了。維修用停機坪會位在距離旅客航廈與貨運站更遠的地方，大都是維修機棚前方的寬闊空間。當飛機進行無須推入機棚的維護作業時，通常都會在這個維修停機坪直接處理，所以周邊也會設置作業用空間，以及檢查修護時使用的儀器、工具等。

寬闊的停機坪區域

成田機場的停機坪區域。可分為「旅客用停機坪」「貨物用停機坪」「維修用停機坪」
等三種。

搭機口

羽田機場的旅客用停機坪。乘客藉由空橋而進入飛機客艙。

外勤維修與機棚維修有何不同？

當客機一抵達機場，在做好準備並再次出發之前，於機場停機坪進行的維修就稱為「外勤維修（Line Maintenance）」。這種維修基本上以目視進行檢查，像是外觀是否有異常、輪胎是否出現磨損等。國際線的地停時間大概是2小時，國內線則大約只有45分鐘至1小時，所以若出現任何不妥情況，就必須在有限的時間內做完檢查與維護，就像是與時間進行一場戰鬥。

相較於這種外勤維修，將機體推入維護棚廠來進行完整檢查及保養維護的就稱之為機棚維修（Dock maintenance）。機棚維修通常選在成田或是羽田等主要機場進行，再依據飛行時間與期間將其細分為「A維修」「C維修」「M維修」等數種方式。

飛機大約是每飛行300～500個小時（或是1個月）左右，就必須進行A維修，不過還是會因為航空公司與機種的不同而有所差異。一般都是在當天飛行任務結束後送入維修工廠，並由大概10位人員來分擔同一架飛機的作業。維護所需時間則為8小時左右，結束引擎、襟翼、起落架等重要機組件的檢查維護後，大約可在隔日早晨離開維護棚廠。

另外，飛行時間4000～6000個小時，大約每1年或1年半實施一次的就是C維修了。進行C維修時，會將機體各區域的板子（Panel）拆卸下來，並在各細部區域都實施精細的檢查作業。從進入維修棚廠到離開，C維修需要7～10天左右的時間，所以將此種維修視同汽車的「車檢保養」即可。至於機棚維修中耗費最多時間與勞力的就是M維修了。這種大概是4～5年即進行一次，每次約為1個月左右。進行維護時會將飛機機體拆解至骨架外露，完成作業的機體就會煥然一新、有如新品。

與時間奮戰

每天的外勤維修從乘客走下飛機的那一瞬間就正式展開，簡直是與時間進行奮戰。

 機棚入口

將已飛行一段時間的機體推入維護棚廠，再進行仔細的檢修維護。

用來保護客機免於風雨及沙塵傷害的機棚在航空業界中的用語為「棚廠（Hangar）」。前文介紹的「機棚維修」的主要舞台也就是在「棚廠」當中。

如果從機場方向觀看飛機棚廠的外觀，首先映入眼簾的就是客機出入使用的大型滑動門板。第一次靠近觀看的人說不定還會因為它的巨大而大為折服。為了避免飛機運入機棚之際勾到垂直尾翼，所以有些維護棚廠上方會切出開口。

接著我們繼續往裡面看看。進入巨大建築內部後，就可發現為讓維護人員們有效率地進行作業，所以到處都有著極為用心的設計。因為C維修與M維修必須將零件一個個拆卸下來進行檢查作業，所以會搭建維修鐵架好讓維修人員能夠接觸到機體所有位置。另外，天花板上也會裝設天車來搬運替換的零件。而裝設在各處地面的大型棚架上有著各式工具與機器，同樣整理得井然有序，如此即可在必要時刻順利取用各種必要的工具。

像我自己經常被飛機愛好者們問到「可否參觀維護棚廠？」這類問題。我想，這是因為許多年輕人對於航空世界有著莫大興趣，同時希望將來能夠從事機場相關工作的緣故吧！我很希望推薦給他們好好活用的就是航空公司主辦的航空教室。不論是日本航空或全日本航空，兩家公司在羽田機場的維護棚廠都實施以一般人作為對象的免費見學會。至於申請方法等詳細資訊，則是刊登在兩家公司的網頁上。

超乎想像的規模

可將波音777-300ER這種大型客機搬進來的全日空最新維護棚廠。

維護工廠見學會

日本航空的機體維護工廠見學會。來到棚廠靠近觀看客機時，就會有迫力十足的感覺。

参考書籍

『みんなが知りたいLCCの疑問50』　秋本俊二/著(サイエンス・アイ新書、2012年)

『みんなが知りたい空港の疑問50』　秋本俊二/著(サイエンス・アイ新書、2009年)

『ボーイング787まるごと解説』　秋本俊二/著(サイエンス・アイ新書、2011年)

『エアバスA380まるごと解説』　秋本俊二/著(サイエンス・アイ新書、2008年)

『ボーイング777機長まるごと体験』　秋本俊二/著(サイエンス・アイ新書、2010年)

『JAL旅客機まるごと大百科』　秋本俊二/著、チャーリィ古庄/写真(サイエンス・アイ新書、2011年)

『ANA旅客機まるごと大百科』　秋本俊二/著、チャーリィ古庄/写真(サイエンス・アイ新書、2011年)

『航空大革命』　秋本俊二(KADOKAWA、2012年)

『マンガ　うんちくエアライン』　平尾ナヲキ/著、秋本俊二/監修(KADOKAWA、2015年)

『旅客機と空港のすべて』　秋本俊二/監修(JTB交通ムック、2012年)

『月刊エアライン』　(イカロス出版、2013年1月〜15年7月の各号)

※其他請参考各航空公司官方網站。

索引

國家圖書館出版品預行編目資料

想知道的 100 個飛機問題：飛機問題大解密！各式機種、新銳技術、
機場機艙所有疑惑，嚴選 100 個飛機問題，航空知識輕鬆 Get! / 秋本
俊二著；吳佩俞譯 . -- 二版 . -- 臺中市：晨星出版有限公司，2024.04
面；　公分 . -- (知的！; 103)
譯自：これだけは知りたい旅客機の疑問 100
ISBN 978-626-320-793-6（平裝）
1.CST: 航空運輸 2.CST: 飛機 3.CST: 問題集
557.94022　　　　　　　　　　　　　　　　113001709

想知道的 100 個飛機問題（修訂版）

知
的
！
103

飛機問題大解密！各式機種、新銳技術、機場機艙所有
疑惑，嚴選 100 個飛機問題，航空知識輕鬆 Get ！
これだけは知りたい旅客機の疑問 100

作者	秋本俊二
譯者	吳佩俞
編輯	吳雨書
封面設計	ivy_design
美術設計	曾麗香

請填寫線上回函

創辦人　陳銘民
發行所　晨星出版有限公司
　　　　407 台中市西屯區工業 30 路 1 號 1 樓
　　　　TEL：04-23595820　FAX：04-23550581
　　　　行政院新聞局版台業字第 2500 號
法律顧問　陳思成律師
出版　西元 2024 年 4 月 15 日　二版一刷

讀者服務專線　TEL：（02）23672044 /（04）23595819#212
讀者傳真專線　FAX：（02）23635741 /（04）23595493
讀者專用信箱　service @morningstar.com.tw
網路書店　http://www.morningstar.com.tw
郵政劃撥　15060393（知己圖書股份有限公司）
印刷　上好印刷股份有限公司

定價：350 元
（缺頁或破損的書，請寄回更換）

ISBN 978-626-320-793-6
KOREDAKE WA SHIRITAI RYOKAKUKI NO GIMON 100
Copyright © 2015 Shunji Akimoto
Chinese translation rights in complex characters arranged with SB Creative Corp., Tokyo
through Japan UNI Agency, Inc., Tokyo and Future View Technology Ltd., Taipei.